http://JuezHercules.org.ar

Los Poderes Judiciales de la Republica Argentina exigen un relevamiento completo del Subsistema Político. Luego de eliminar la obsolescencia de la organización existente y modernizar el proceso Judicial, entonces se podrá "migrar" a la E-Justicia Digital.

Ricardo Francisco Ortolá Bosio
2012

**3° Premio Primer Concurso Latinoamericano de "Argenjus"*

Prólogo

OBJETIVO Y PLAN DEL ENSAYO

El objetivo del presente ensayo es diseñar un proceso para instalar la E-Justicia en los Poderes Judiciales de la Republica Argentina. A través del desarrollo del trabajo se construye la hipótesis de cómo teorizar ese diseño.

Mi plan de exposición consta de tres etapas: En la primera trataré la cosmovisión del Poder Judicial comenzando por el ADN jurídico de la organización del *Poder Político Total* instrumentado para la Gobernanza y que en la Argentina es la forma de gobierno republicana, representativa y federal.

Insisto en el precepto del Art. 1 de la Constitución Nacional, y advierto que el Estado tiene una parte que es "pétrea" (inmodificable) cuyo cambio no puede abordarse con el pretexto simple y llano de mejorar su funcionamiento procedimental. Hay un núcleo político-jurídico que define el perfil del Estado. No es lo mismo una republica democrática liberal que una monarquía parlamentaria, o un emirato, por dar algunos ejemplos de estados diversos. Hay muchas diferencias determinadas por ese núcleo y por eso en un emirato no son importantes los actos electorales, y en la monarquía, el Poder Judicial solo está para dar un servicio de justicia.

Luego de reflexionar sobre el Poder Judicial en relación al Estado expongo su relevamiento morfológico respetando el orden constitucional. Sostengo que el Juez de la Republica Argentina es titular de una cuota del *poder político total* que se materializa en la facultad indelegable de controlar el cumplimiento de la Constitución, potestad que incluye el control a los otros dos poderes del Estado. El *servicio de Justicia* es una función secundaria con excepción del Fuero Penal. Así es que se describe el Proceso Judicial como una singular actividad que sólo si la realiza el Juez es válida y legitima.

La segunda parte está dirigida a los conceptos filosóficos con que se deben abordar las reformas o modificaciones en general y los procesos de incorporación que requieren las nuevas tecnologías en particular. Es necesario cambiar los paradigmas utilizados ya que hay nuevos conceptos que aportan las nuevas ciencias de la administración. La realidad exige una observación multidisciplinaria a la que concurren varias ciencias con las que se construyen singulares soluciones para problemas y obstáculos también singulares. Considero imprescindible recorrer este tramo del conocimiento señalando los novedosos y revolucionarios conceptos que traen la sociotecnología y la tecnología administrativa para diseñar los procesos administrativos y de gestión, tan propios del funcionamiento del Estado y que en los poderes judiciales, una de las partes del poder político, es el *proceso judicial* que produce *sentencias*.

La última y tercera parte se refiere a una ficción, a la hipotética oficina Judicial que incorporaría la E-Justicia. Comienzo por imaginar la creación de un Consorcio "ad hoc" que haría las veces de un obrador en la primera etapa del proceso para incorporar la tecnología a los Poderes Judiciales de la Argentina. En ese punto explico como formarlo, listar los objetivos y demás cuestiones de su funcionamiento incluyendo su finalización. Luego describo lo que debería ocurrir en la segunda etapa de ese montaje. Y por último relato la hipotética existencia del site: *http//: juezhercules.org.ar, (con cuyo nombre rindo homenaje a Ronald Dworkin) y describo* la probable actividad de un Juez en su E-Oficina Judicial con la intención de mostrar, por esta vía de la ficción, como se vería la E-Justicia en nuestro país.

Para concluir este prologo quiero volver a la república y al federalismo de la Argentina. Considero que esta es una cuestión de tratamiento obligado y previo a la incorporación de reformas o modificaciones para mejorar el funcionamiento del Poder Judicial. Insisto en esto, porque en la república el Poder Judicial es un poder político, y su mecanismo puede verse afectado al disminuir o eclipsar la acción del Juez. Esta es la clave de mi propuesta en cualquier hipótesis para diseñar un proceso para incorporar las TICs a los Poderes Judiciales de la Argentina. Un error en este sentido, además de impedir al Juez su desempeño, puede resultar catastrófico para la vida de la República y el fin de la Constitución.

Aclarada esta cuestión, es posible imaginar el funcionamiento de la oficina del Juez en una versión Digital que imagino como una posible realidad incorporando la actual tecnología cibernética y con el aporte de la sociotecnología y las tecnologías administrativas al instalar las TICs. Estoy seguro que serían inimaginables las mejoras del Poder Judicial.

PARADIGMA DE CONOCIMIENTO CIENTÍFICO DE BUNGE[1]

Adhiero al paradigma del Dr. Mario Bunge porque tengo la convicción ~~de~~ que es una referencia del pensamiento con el que se debe pensar la construcción de una conjetura. Veo este gráfico como una norma que certifica la calidad de una hipótesis y/o teoría científica, ya que al cumplir sus requisitos el autor ha pensado con el mayor nivel conseguido hasta el momento por el ser humano, lo que no quiere decir ni perfecto y tampoco el definitivo, pero recordando si que el pensamiento científico es ~~solo~~ uno y

---

[1] ***FILOSOFIA POLITICA. Solidaridad, cooperación y Democracia Integral. Gedisa. 2009.***

solo uno. Porque, como suelo decirme, y esto corre por mi cuenta, el mejor pensamiento es el científico, los demás son lo de menos y en el mejor de los casos charlas de café.

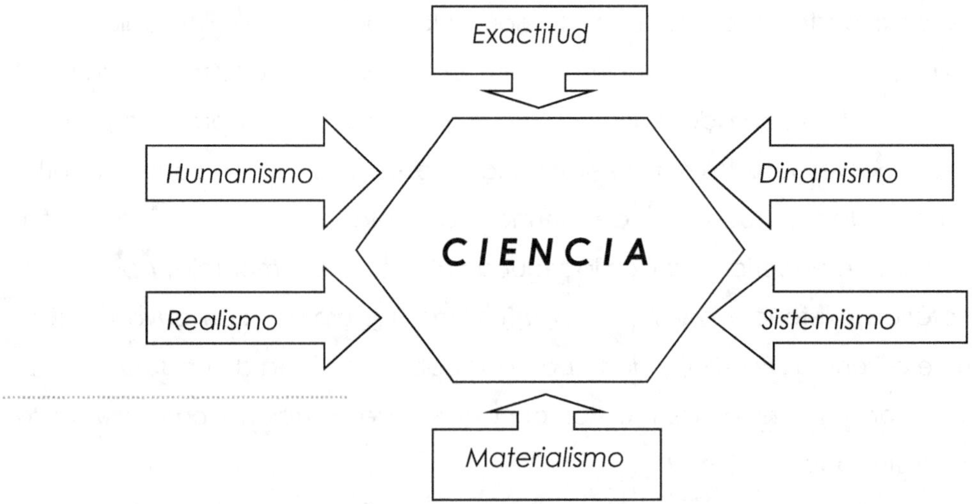

Para quién tenga interés en estudiar el contenido teórico del paradigma en la figura consultar la obra citada de Bunge. Por mi parte, en este ensayo pretendo y espero, poder cumplir con esas premisas.

Primera Parte

"El modo en que vemos el problema es el problema."

Stephen R. Covey[2]

COSMOVISIÓN[3] DEL PODER JUDICIAL

La República Argentina[4] en su Constitución Nacional dispone la instauración del Estado para su Sociedad Civil adoptando la forma de gobierno republicana, representativa y federal. Por lo tanto, para presentar "los Poderes Judiciales" en los que serán introducidos los cambios tecnológicos (TICs) resulta imprescindible proponer una cosmovisión que permita su percepción con la mayor precisión posible.

La visión comienza con los conceptos mínimos y generales de república, representatividad y federalismo con los que obtener teóricamente el contorno del Estado Argentino instrumentado por la Carta Magna y que no son modificables.

La *República*, ontológicamente, consiste en un sistema conceptual. Su diseño establece, mediante un protocolo de conducta humana (CN y CP),[5] los vínculos entre personas y de éstas con cosas materiales y artificiales formando un artefacto denominado Estado. En éste actúa y funciona el poder político total (gobernanza) con la singularidad de hacerlo separado en tres partes inalienables e independientes que sólo y sólo si funciona así será eficaz como república –entendiéndose por eficaz la aplicación de la ley.

La conducta pública consiste en el protocolo tipificado en la Constitución/Carta Magna como un texto del "corpus legal", y ahí se encuentran la totalidad de las acciones que se definen como únicas y posibles para todas las personas que pertenecen a la sociedad civil del país y/o Nación pertinente. A éstas se las denominan *leyes*.

---

[2] Nacido en1932 en Salt Lake City (Utah, Estados Unidos). Licenciatura en Administración de empresas Universidad de Utah (en Salt Lake City). Maestría en Administración de Empresas, Harvard. Prácticamente ha dedicado gran parte de su vida a la enseñanza y practica de los preceptos que detalla en sus libros, de como vivir y liderar organizaciones y familias basándose (centrándose) en principios los cuales él sostiene, son universales y como tales son principios aceptados por las grandes religiones y sistemas éticos del mundo.

[3] Calco del al. *Weltanschauung*).1. f. Manera de ver e interpretar el mundo. **Real Academia Española**

[4] *El 8 de octubre de 1860 en la ciudad de Paraná, el presidente Derqui decretó que "siendo conveniente a este respecto establecer la uniformidad en los actos administrativos, el Gobierno ha venido a acordar que para todos estos actos se use la denominación República Argentina".*

[5] *Constitución Nacional y Constituciones Provinciales.*

Vuelvo a insistir sobre la característica central y sobresaliente de la República, que es la separación del Poder Político Absoluto (Total) en tres partes cualitativamente iguales e idénticas.

Este concepto no debe vincularse con la gestión de administrar y/o gestionar; interpretando que la separación de poderes mejora o facilita la cuestión organizacional. La razón de separar el Poder Político Absoluto y diseñar su funcionamiento mediante el singular proceso republicano obedece a una cuestión política, esa razón apunta a debilitar con esta característica al Estado frente al ciudadano, se trata pues de una garantía a la libertad y a los derechos individuales de las personas.

La Ley debe ser confeccionada, ejecutada y juzgada en su cumplimiento efectivo, a la luz del texto que es su soporte. Este proceso se construye en tres etapas perfectamente separables, cuya ejecución debe realizarse por distintas organizaciones idóneas a cada uno de sus fines. Para tener aptitud de legislar se diseñó una asamblea que decidiera, para tener aptitud de administrador se diseñó una ejecución del mandato y para tener aptitud de juzgar se diseñó un juzgador que controlara todo ocurra y suceda como había sido ordenado.

La Republica es un artefacto cultural cuya existencia debe ser verificada en el proceso con que funciona, a la inversa de un hecho natural que al ocurrir prueba su existencia y es tal como aparece. Al hecho natural llover se lo ve cuando llueve mientras que a la república no se la ve en un acto de gobierno. Para corroborar su existencia se deben relevar todos los acontecimientos que generaron dicho acto político y recién entonces podremos saber si dicho acto ha sido o no un producto de la República. Es necesario revisar su desarrollo (auditándolo), y verificar si ha cumplido con el protocolo republicano.

Este mismo camino debe ser recorrido frente a cada acto de gobierno si es que se pretende develar el sistema político república o en su defecto el sistema político elegido, por tal razón son necesarias las auditorias constantes e ininterrumpidas de los actos públicos de gobierno. También aquí encontramos otra característica conectada con la publicidad de aquellos actos que suponen el tratamiento de la cosa pública, recordando a propósito que en definitiva esta fue una nota que contribuyó, sin duda, a la denominación inicial *Res–Publica* de república que significa cosa-pública.

La *representatividad* o democracia actualmente es conceptuada como la forma de gobierno que completa el protocolo político agregando ciertas características al mecanismo con que funciona el subsistema político. La democracia aporta dos columnas básicas al sistema que son el acto electoral por el voto de todos los ciudadanos instalando así la soberanía popular y el principio de legalidad que impone el imperio de la ley.

La Democracia queda instalada si y solo si los gobernantes acceden al poder político mediante el acto electoral con el voto de todos los ciudadanos (soberanía popular) materializándose mediante el principio de legalidad que consiste en el cumplimiento irrestricto de la ley.

El *federalismo* es el tercer concepto político organizacional que impone la Constitución Nacional. Incorpora la fórmula de convivencia de varios estados mediante una unión singular. En efecto, en el sistema federal el estado nacional es creado con una porción del poder político que cede cada uno de los estados provinciales. Éstos, sin dejar de ser soberanos conservan el poder originario con la matriz constitucional de gobierno republicana y representativa funcionando también con tres poderes separados e independientes: Legislativo, Ejecutivo y Judicial.

El Federalismo además del sentido político presenta un aspecto muy particular en el funcionamiento de la relación institucional de los estados que integran la nación o país federal, en particular los poderes judiciales. Es por eso que señalo la necesidad de identificar con toda precisión al federalismo previo a toda modificación y/o reforma para no afectarlo con el pretexto de incorporar una novedad funcional al Estado. Por ejemplo, al adoptar el federalismo hay tantos poderes judiciales como estados provinciales, al que se agrega un Poder Judicial más del estado federal. Situación que es muy diferente si la organización política es unitaria. En este caso existe una sola jurisdicción que coincide con todo el territorio, Tenemos entonces un único estado que por tal motivo posee un solo Poder Judicial, y donde aparecen las delegaciones o descentralizaciones administrativas.

Como puede observarse, para "incorporar las TICs.", el Federalismo impone prioridades en la convivencia política de los estados provinciales. El poder político de cada provincia es originario y el federal es derivado. En ese sentido la Argentina no puede imitar ni utilizar la experiencia de sus vecinos ya que Uruguay, Paraguay, Bolivia, Chile, Perú, Ecuador y Colombia son unitarios.

Esta reserva es imprescindible para considerar el proceso de incorporación de las TICs, ya que no se trata de cualquier tecnología, y luego, superar la gran dificultad que implica compatibilizar la homogeneidad técnica requerida con la heterogeneidad política que supone el federalismo.

Conclusiones:

Previo a considerar el proceso de incorporación de TICs al Poder Judicial es necesario:

1) Establecer una cosmovisión con la que referenciar la hipótesis.

2) Considerar el Estado como la parte del subsistema político argentino con la forma de gobierno republicana, representativa y federal, establecida en el Art. 1 de la Constitución Nacional.

3) Aclarar el concepto *república* y su característica central de separar en tres partes el poder político Total.

4) Considerar la Representatividad como elemento que complementa a la Republica y materializa la democracia con la participación de todos los integrantes de la sociedad en las decisiones políticas con elecciones libres para todos bajo el imperio de la Ley.

5) Entender al federalismo como cierre del criterio central que establece el orden del poder de cada integrante de la unión de provincias en una Nación, las cuales reservan sus poderes originarios y es el poder derivado cedido por cada una de ellas el que constituye la Nación.

PODER JUDICIAL, SOCIEDAD Y ESTADO

El Poder Judicial es uno de los tres poderes de la república que en la Argentina forma parte del estado con la facultad indelegable, irrenunciable e inalienable de aplicar la ley y hacerla cumplir.

El subsistema Político está integrado por el Estado, los políticos, los partidos políticos, los votantes, etc. De todos ellos tomaré, para este trabajo el Estado ya que, a través de este artefacto se ejerce el Poder Político Real y en el que es una de las partes el Poder Judicial.

El estado argentino, por su diseño republicano está conformado en tres partes separadas, independientes y dotadas con una porción del poder político total que deberán funcionar en esta forma singular con que se genera el acto de gobierno republicano.

Obsérvese que no he dicho legítimo, legal, real, válido, etc. Sólo *republicano*. Los observadores omiten considerar esta cuestión, especialmente cuando se presentan planteos constitucionales respecto a la gobernanza. Muchos hechos y actos de Gobierno son observados por incumplimientos de la Constitución pero considerándola como una ley más. Lo cierto es que lo que debe objetarse, respecto a la Carta Magna, es si se ha respetado el modo de ser del estado y como es que debe hacer el Gobierno para ser en la realidad lo que sus creadores establecieron al decidir que este sea lo que tiene que ser. El acto de gobierno que no se hizo como dispone la republica tiene en eso un vicio descalificador aunque en su resultado real haya sido positivo o beneficioso. La Argentina, además, es un Estado Federal que consiste en la convivencia política y jurídica de varios estados soberanos e independientes que gobiernan su vida interna mientras la nación se ocupa de la representación en el exterior y de todas las cuestiones que a estos les interesa, por ejemplo: cuidar la paz interior protegiendo la forma republicana representativa y federal.

Por esta razón cada provincia posee un Poder Judicial con jurisdicción propia y por lo tanto hay tantos poderes judiciales como provincias, a diferencia de la forma unitaria. Insisto en considerar esta cuestión antes de realizar cualquier reforma o modificación en la organización política. En el federalismo los Poderes Judiciales de las provincias son Independientes entre sí y del Poder Judicial de la Nación o Federal y viceversa. Sin embargo, están en estrecha relación y sus vínculos se acomodan y desenvuelven o comportan horizontalmente contrariamente al unitario que es vertical. En el federalismo no hay relación de subordinación y tampoco de delegación o descentralización. Lo que supone, a los fines de esta hipótesis que para abordar la mejora y/o reforma es necesario el tratamiento previo y antes de afectar su organización para evitar el choque y conflicto de estados independientes donde cada Poder Judicial es único y separado de los demás.

En el estado republicano como es el de Argentina, la principal y más relevante tarea del Poder Judicial, es la de "control" de los otros dos poderes. Le corresponde juzgar los actos de gobierno de "todos los poderes" aplicando el silogismo judicial, donde la premisa menor es el acto (hecho) del poder juzgado, la premisa mayor es la ley o norma obligada a cumplir por ese poder y la conclusión la *sentencia* al acto de gobierno juzgado. Porque al Poder Judicial le toca del poder político total decir, respecto a la legalidad de los actos y los hechos, la "última palabra".

De oficio y porque el Estado se reserva el uso monopólico de la fuerza tiene el control de las conductas individuales tipificadas en el Código Penal como delitos.

A esto se agrega una actividad que consiste en el *servicio de justicia* a todos los ciudadanos accionados por la misma facultad jurisdiccional, en este caso en carácter de tercero imparcial para las cuestiones privadas donde están involucrados todos los derechos de las personas sometidas a su jurisdicción y competencia. Y por supuesto, ya de carácter obligatorio, el control de las conductas individuales sometidas al orden público que tiene en competencia por la materia Penal.

Estos son los más importantes aspectos que caracterizan la situación de los Poderes Judiciales en relación con el Estado en la Republica Argentina, cuyo conocimiento y consideración, es una condición "sine qua non" para modificar, cambiar o introducir innovaciones en su funcionamiento y organización.

Conclusiones:

En este punto se pretende destacar la ubicación del Poder Judicial en el Estado y su rol respecto a los otros Poderes, de manera que a modo de conclusión señalo:

1. El Poder Judicial es uno de los tres poderes del Estado
2. Su facultad indelegable es interpretar, aplicar y hacer ejecutar la ley.
3. Compone el subsistema político de la sociedad
4. Es la tercera parte de la República y sin su participación no hay gobierno republicano.
5. El poder judicial tiene una función específica en el artefacto "estado"
6. Controla y juzga a los demás poderes.
7. Tiene a su único cargo el juzgamiento en razón de la materia penal
8. Se ocupa de brindar el servicio de justicia a todos los ciudadanos como tercero imparcial en los conflictos de derecho privado.

MORFOLOGÍA DEL PODER JUDICIAL

El diagnóstico del Poder Judicial debe ser elaborado científicamente para ver con precisión y claridad su funcionamiento teórico y real. Su mecanismo requiere de una organización cuya complejidad crece en proporción directa con el agrandamiento del Estado, la densidad demográfica de la Sociedad Civil y el volumen de negocios (producción de bienes y servicios, su comercialización y financiamiento).

El conocimiento del Poder Judicial debe pensarse científicamente, con métodos gnoseológicos idóneos y una filosofía al menos aprobada y aceptada en los centros de conocimiento de mayor prestigio en occidente.[6]

¿Cómo abordar el conocimiento del Poder Judicial? Para ello es necesario comenzar por describir la forma o aspecto con que se percibe. Es un objeto artificial y por lo tanto creado por el hombre. Ha sido instrumentado y explicado por la Ciencias Políticas, Jurídicas y la Historia Institucional de este Poder al que se quiere incorporar una tecnología para optimizar su funcionamiento.

---

[6] *Entendiendo por esto la existencia de un ordenamiento jurídico y político en la Republica Argentina es la consecuencia de reconocernos usuarios del pensamiento científico como el de mayor nivel de calidad en el conocimiento de la verdad.(N d A)*

En la Constitución Nacional la Sección Tercera "Del Poder Judicial". Capítulo Primero: De su Naturaleza y Duración dice:

> *Artículo 108.- El Poder Judicial de la Nación será ejercido por una Corte Suprema de Justicia, y por los demás tribunales inferiores que el Congreso estableciere en el territorio de la Nación. (…)*

Para continuar en la misma Sección; en su Capítulo Segundo: Atribuciones del Poder Judicial, normado que:

> *Artículo 116.- Corresponde a la Corte Suprema y a los tribunales inferiores de la Nación, el conocimiento y decisión de todas las causas que versen sobre puntos regidos por la Constitución, y por las leyes de la Nación, con la reserva hecha en el inciso 12 del Artículo 75; y por los tratados con las naciones extranjeras; de las causas concernientes a embajadores, ministros públicos y cónsules extranjeros; de las causas de almirantazgo y jurisdicción marítima; de los asuntos en que la Nación sea parte; de las causas que se susciten entre dos o más provincias; entre una provincia y los vecinos de otra; entre los vecinos de diferentes provincias; y entre una provincia o sus vecinos, contra un Estado o ciudadano extranjero.*

Corresponde completar este plexo normativo constitucional con los estados provinciales a los fines de entender el funcionamiento de los Poderes Judiciales que conviven en la unión cuyo diseño obedece al federalismo del que arriba hemos señalado como parte de la cosmovisión y que según la misma Constitución Nacional dice en el Título Segundo - Gobiernos de Provincia:

> *Artículo 121.- Las provincias conservan todo el poder no delegado por esta Constitución al Gobierno Federal, y el que expresamente se hayan reservado por pactos especiales al tiempo de su incorporación.*
> *Artículo 122.- Se dan sus propias instituciones locales y se rigen por ellas. Eligen sus gobernadores, sus legisladores y demás funcionarios de provincia, sin intervención del Gobierno Federal.*
> *Artículo 123.- Cada provincia dicta su propia constitución, conforme a lo dispuesto por el art. 5° asegurando la autonomía municipal y reglando su alcance y contenido en el orden institucional, político, administrativo, económico y financiero.*

A los Poderes Judiciales les corresponde obviamente juzgar, y la pregunta es ¿Qué deben juzgar estos Poderes Judiciales como funcionamiento de la república?

La respuesta es necesariamente política ya que los Poderes Judiciales son partes del estado provincial y nacional a los que pertenecen y deben juzgar las acciones de los otros dos poderes, validarlas o anularlas. Los Poderes Judiciales instalados en la República tienen que cumplir con ese objetivo y es su característica principal, central y determinante.

ANTECEDENTES DE LA SEPARACIÓN DE PODERES

Dividir y separar el poder político total son características que no explican el funcionamiento de una republica si son consideradas como la estrategia organizacional de la división del trabajo. Nada de eso, la verdadera razón por la cual se decide dividir y separar el poder político total, fue y será con el fin de atomizarlo para debilitarlo frente al individuo. En efecto, se ha pensado de la republica con un criterio únicamente político para lograr el objetivo fundamental de proteger a la persona ante el Estado y cuidar su libertad y la de toda la sociedad civil. No es objeto de este trabajo traer aquí las razones ya incontrastables de esta cuestión pero lo cierto es que el poder político absoluto es dividido en tres partes por un motivo estrictamente político y no para que resulte funcional a un modelo organizacional de gestión.

Aclaro que hay en el mundo numerosos países que no han adoptado todavía el sistema político republicano y también están los que sí lo han hecho. También es cierto que de estos últimos hay gran cantidad que no han realizado modificaciones y/o reformas que produzcan la evolución y un mejor funcionamiento de este sistema político.

La última versión de la república tiene una vida corta en la historia de los sistemas políticos. Su instalación inicial fue en Francia (1789- Revolución Francesa) y EEUU (1776- Independencia Americana). Pero dejo de lado las razones políticas, ideológicas, la historia de los hechos socio-económicos y demás causas que concurrieron para provocar la adopción de este sistema político por parte de algunas naciones y/o países en el mundo, ya que estas cuestiones son objeto de conocimiento de la Historia. Sin embargo, si se observa la evolución institucional de cómo se construyó e instrumentó la república moderna veremos a un artefacto político que tiene el objetivo de contribuir a la convivencia ideal entre los seres humanos, que civilizados y unidos por un contrato social puedan lograr la felicidad librándose de la ley de la selva.

La idea de la República consistió en un diseño tan simple como eficaz. Su funcionamiento sencillo y la implementación de este artefacto descansaba en los pensamientos de nivel científico mas acreditado de la época. La realidad de aquel presente era infinitamente diferente a la Sociedad actual. Por ejemplo, el componente cuantitativo de la densidad demográfica del mundo que por aquel entonces (épocas de la Revolución Francesa y con un presunto cálculo ya que no existían censos) en el mundo no habrían más de 500 millones de personas contra los 6.500 que hoy pueblan la tierra. Obviamente, los sistemas políticos que instalaron las formas republicanas no ofrecieron mayores dificultades en su funcionamiento y hasta se observaron resultados novedosos y alentadores en las recién nacidas Repúblicas.

Pero la Republica se montó con partes de formas de Gobierno y Estados anteriores. Y destaco especialmente la importante consideración de este punto. La primer Republica tuvo una conformación con los tres poderes, como ya los conocemos, pero aquellos diseños fueron tomados de sistemas políticos anteriores. El legislativo, quizás uno de los más antiguos, seguía la matriz de todas las asambleas y cuerpos deliberativos que habían existido en la historia hasta entonces. Representantes de distintos sectores, clases, castas, grupos de nobles o de plebeyos, o de tribus, organizados en cuerpos colegiados y calificaciones para manifestar opiniones o votos con un mecanismo que producía una decisión obligatoria para todos y su producto final era la ley. El Judicial reconoce a aquellos expertos y sabios hombres que siempre existieron y que se encargaban por meritos especiales de resolver los conflictos con la consigna de ser imparciales e impartir justicia para conservar la paz de la convivencia. Por último el Ejecutivo, unipersonal, el encargado de poseer el poder político total ya que se ocupaba de legitimar con su poder la tarea de los otros, pero fundamentalmente y de manera absoluta constituía el poder que tenía la última palabra.

Los Poderes que se articularon en la Republica fueron tomados del pasado, y tal como venían funcionando, fueron puestos en la novedosa Republica. El error fue creer que ésta (con la sola separación como concepto rector) los haría producir la acción de gobierno que los creadores habían teorizado que produciría un gobierno Republicano.

PARADIGMA NOVEDOSO

Para la realización de una reforma en el Poder Judicial resulta innovador intentar una lectura de paradigma diferente con la finalidad de obtener una interpretación adecuada a cómo debe ser diseñado el Poder Judicial. La pregunta será: ¿Adecuada a qué? Pienso que la respuesta es simple, porque ya está decidida en la Constitución cuando se instala la forma de gobierno. Por lo tanto, la reforma que se intente debe estar en armonía con la matriz Republicana del subsistema político elegido.

El criterio aplicado en el argot de los gerenciadores dice:…"primero lo primero, segundo lo segundo y…". En nuestro caso lo primero es la república y esto significa que el Poder Judicial tiene una porción de poder político intransferible por definición. Digo esto aplicando el criterio organizacional más extremo y no apartándome de la cuestión sino reforzándola. De tal manera, si bien es cierto que la Oficina Judicial es un concepto que apunta a focalizar mejor las tareas que debe hacer el juzgado o tribunal, no debe olvidarse que hay una parte de esa actividad que ya está organizada desde la Constitución.

Por todo lo expresado considero paradigmático considerar la tarea del Juez, como "intocable" a los efectos de la organización de su gestión.. No puede haber ninguna ventaja, optimización y/o excusa que se argumente para mejorar la organización de su "oficina" y que por esta vía invada o suplante el accionar del Juez en el ejercicio de la jurisdicción.

Más aún, este objetivo debe ser reforzado y optimizado al incorporar tecnología cibernética de la información y la comunicación (TICs). Es en este sentido que entiendo aparece un nuevo paradigma o una lectura renovada: la necesidad de prestar gran atención, revisar con gran rigurosidad y cautela, que las modificaciones propuestas e incorporadas no impidan o devalúen la acción jurisdiccional del juez.

ORGANIZACIÓN PREEXISTENTE

El Poder Judicial argentino se instaló con la Constitución Nacional de 1853 y desde entonces es uno de los tres poderes de los estados provinciales y el estado federal.

En su funcionamiento se establecen relaciones de jerarquía interna que responden al sistema de revisión de fallos, ya que estos no son por "jurados de los hechos", sino que se configuran conforme al sistema continental en Juzgados unipersonales que fallan en primera instancia, Cámaras que revisan esos fallos y un Tribunal Superior denominado Corte que revisa definitivamente. Obviamente tenemos las Cortes Provinciales, tantas como Provincias y la Corte Suprema de la Nación.

Cada juez posee del poder político la cuota que se denomina la "Jurisdicción" y sólo puede realizar desde un lugar físico donde tendrá legitimidad su acción. Para ello tendrá que utilizar la Oficina adecuada a esa organización previa.

Es necesario establecer la organización previa para recién entonces optimizar con las modificaciones o reformas el funcionamiento del Poder Judicial.

La prioridad de la Organización preexistente significa que el Juez tiene el poder que solo él puede y debe usar para el cumplimiento de su función y que por imperio de la ley no es delegable. Si así lo fuera estaremos ante un hecho ilegal y por lo tanto inválido, por ejemplo un allanamiento domiciliario sin orden del Juez competente.

Es que el ámbito de un, Juez o cuerpo judicial colegiado, está ocupado por su competencia y ésta no puede ser alcanzada o interceptada por una voluntad extraña.

Por ello la importancia de ser sumamente cautelosos en proponer reformas evitando caer en el error de incorporar cambios que modifiquen elípticamente el poder del juez y por esta vía permitan la adopción de conceptos o criterios pertenecientes a una forma de gobierno monárquica con la consecuente amenaza a la república (como ocurre en nuestro caso y el español).

En primer lugar es necesario delimitar la zona de la organización preexistente con estricta precisión y luego, revisar del relevamiento resultante de cómo puede ser mejorada y/o optimizada la situación. Esto último, a modo de ejemplo, pueden ser aquellas reformas que por vía legislativa alivien la actividad del Poder Judicial en particular en el servicio de justicia dándole una alternativa al Juicio Arbitral. Como bien se sabe esta institución ha cobrado gran importancia no sólo en los ámbitos locales y/o nacionales sino en el sistema internacional del mundo económico actual (recordando que la economía supersimbólica vigente hoy recurre exclusivamente a los tribunales arbitrales). Otra reforma que también adelgazaría la pesada carga que abona la dilatada demora del servicio de justicia es la que corresponde en el proceso a la etapa de la Prueba. Concretamente me refiero a la producción obligatoria en sede judicial cuando no existe razón ni motivo para que ésta se produzca en otro ámbito y llegue a los estrados del Juez ya producida. Tanto al juicio arbitral como a esta cuestión de la prueba me referiré más adelante.

Conclusiones:

1) El Poder Judicial es uno de los tres Poderes del Estado.

2) La cuota de poder político indelegable que posee el poder judicial es la *facultad jurisdiccional* que consiste en interpretar la ley y hacerla cumplir.

3) Su primer objetivo es controlar a los otros dos poderes cumpliendo con la Constitución Nacional y materializando la República.

4) La Republica tomó del pasado las figuras existentes para instrumentar los tres poderes de su organización política bajo concepciones anteriores y ajenas al ser de la República. La inclusión de viejos diseños de los antiguos legisladores, jueces y monarcas contaminaron con aquellos defectos al nuevo gobierno republicano.

5) La solución es la continua reforma y modificación de los Poderes hasta lograr que el artefacto cumpla con la idea original de república.

6) La instalación de un nuevo paradigma para conocer el Poder Judicial permitirá acceder a nuevos horizontes que contribuyan su mejoramiento. Por ejemplo considerar las características de la organización preexistente para no alterar su esencia con reformas y modificaciones bajo pretexto de optimizar su funcionamiento posterior.

El Proceso Judicial

Visto el sujeto del Poder Judicial (Juez) ahora observaremos su conducta y accionar según el protocolo de su función que establece el *proceso judicial.*

El *proceso judicial* codifica las secuencias de hechos y actos exigidos por la constitución para el desarrollo rogado de la jurisdicción. Consideraciones que se acompañan a esta primera definición se encargan de aclarar el momento de referencia del proceso y eso puede ocurrir constitucionalmente con la cláusula del debido proceso en la tutela de los intereses legítimos de las personas. O en un aspecto dinámico o procesal y con un contenido concreto, este reviste la condición de un proceso específico donde se materializa la facultad esencial y jurisdiccional. El concepto de **proceso** es más complejo que el de procedimiento; no siempre que hay procedimiento existe un proceso. La confusión entre ambos es histórica; pero el Derecho procesal se ocupa del proceso y no del procedimiento, ya que si se emplea el término "procedimiento" se pueden producir algunos inconvenientes: a) este término no es exclusivo del derecho procesal, ni tampoco del ámbito jurídico; b) es un término que sólo alude a un aspecto formal o actividad externa, como es la mera sucesión de actos procesales. Pero el término "proceso" engloba una realidad más amplia; además del procedimiento legalmente previsto, incluye también las relaciones entre los sujetos intervinientes, las relaciones entre éstos y el objeto del proceso, etc. El proceso, además, aspira a una finalidad, que es la terminación o justa composición del litigio, y para llegar a ella emplea el procedimiento como medio. Todo proceso implica la existencia de un procedimiento; pero puede que exista un procedimiento sin que haya proceso alguno. Esta planificación que se entiende por proceso Judicial es el camino concreto donde se realizan los actos que construyen el producto final del Poder Judicial y cuya denominación es la Sentencia. Esta es el resultado final y la expresión materializada de la acción jurisdiccional como acto de gobierno y manifestación real del poder político en la cuota que le pertenece.

El *Código Procesal* es el protocolo obligatorio de la acción jurisdiccional del Juez y sujeto de los Poderes Judiciales y forma parte del "corpus legal" denominado como la ley procesal. Su diseño es creado y decidido por el Poder Legislativo de cada Estado Provincial y del Nacional, según corresponda.

Entrar en el contenido normativo de este Código excede mi trabajo. la doctrina y la ciencia del Derecho dicen y dan todo el conocimiento necesario para comprender y observar en detalle las posibilidades de acción que dictan los protocolos de los Poderes Judiciales de Argentina.

En coherencia con mi hipótesis vuelvo a recordar que para la incorporación de las TICs a los Poderes Judiciales resulta impostergable el "conocimiento previo" de la normativa del Proceso Judicial cuidando que este siga ocurriendo como dice la ley. Con esta premisa se evitará además que los defectos por obsolescencia o insuficiencias de evolución y actualización resulten potencializados con la tecnología incorporada llevando a un resultado final contrario al propuesto.

Traigo como ejemplo la cuestión de la prueba en el proceso. Como ya sabemos, el proceso judicial se puede desagregar en tres etapas claras y centrales que son 1) la traba de la litis, 2) la producción de la prueba y 3) la sentencia final.

 Según la normativa la prueba debe producirse en su totalidad en sede judicial. Esto obedece a decisiones legislativas de otro momento económico, social, y político. Sin dudas este aspecto debe ser revisado y modernizado. El segmento de la prueba en los procesos judiciales puede ser significativamente reducido por su obsolescencia y requieren de un nuevo diseño. Por ejemplo, las pericias de cualquier tipo se reducen a un dictamen final que es la pieza que llega a la consideración del juez. Éstas deben ser realizadas por profesionales idóneos en la cuestión y con matrículas habilitantes para el ejercicio de sus respectivas profesiones. Construir la pericia dentro del proceso ocupa espacios y malgasta enormes presupuestos en su producción, sin que esto resulte necesario ya que puede ser elaborada afuera y de mejor calidad. En definitiva será el dictamen final del profesional la pieza probatoria que interesa al juez. La obviedad de mi afirmación en esta cuestión me exime de mayores comentarios, que además de exceder mi trabajo, puede ser contrastada en las ciencias pertinentes. Solo diré que todas las pericias deben ser traídas al proceso ya producidas. Las únicas garantías de calidad y prueba de verdad de las pericias están establecidas por el respeto a las reglas de su ciencia lo que además será siempre revisado, impugnado y observado en el proceso judicial, es más hasta puede ser dejadas de lado por el juez dentro de la causa, de idéntica manera que esa prueba se hubiera construido en sede judicial, siendo este último concepto la paradoja a superar en el tema probatorio.

 Como puede verse quedaría este tramo del proceso prácticamente eliminado y esto debería ser considerado en una reforma previa para modernizar el proceso. Esto hay que resolverlo antes de incorporar las TICs.

 Advierto que no incluyo la Materia Penal habida cuenta que su especifico contenido es una cuestión de política de estado de orden público, erradicación de la justicia privada y a la investigación del delito. Este proceso además de buscar la verdad material supone la colección probatoria y esto exige la aplicación de técnicas, permisos, accesos y maniobras para el conocimiento de la conducta criminal.

La *actividad* del juez es lo que queda por observar. Me refiero a la acción concreta de lo que debe y puede hacer un juez. Este concepto básico obliga a considerar (y es lo que he hecho en este ensayo hasta aquí) que dicha *actividad o acción jurisdiccional* es la razón de ser del Poder Judicial (ontológica) como parte del Estado (Para la forma de gobierno que adopta la Argentina el Estado es la Republica). Su actividad constituye un acto de gobierno si y sólo si actúa aplicando la Ley, y comprende:

1) Control de la constitucionalidad de las leyes aplicadas y a aplicar.

2) Control de la constitucionalidad de los actos de los otros poderes

3) Aplicación de los enunciados jurídicos

4) Aplicación del Derecho – Jurisdicción

5) Corrección de sus decisiones

6) Motivación de las decisiones

Cada poder judicial observado como unidad requiere una actividad que puede ser clasificada en tres categorías de diferente naturaleza, a) la actividad de juzgar, b) la actividad de administrar la sustanciación de lo juzgado (tramitación del juicio) y c) la actividad de gestionar la administración de la infraestructura que soporta el accionar judicial en general y del juzgado o tribunal en particular.

Con esta simple clasificación ponemos en relieve las actividades que materializan la actividad total del Poder Judicial.

El Juez puesto en funciones, listo para actuar, con su investidura (símbolo) indica que posee la porción del poder político de juzgar. Como queda bien claro es gobierno. Ahora cabe preguntarse del Juez:..." ¿En qué consiste su gobernar? La cuestión presenta dos realidades para el observador: una sustantiva y otra procedimental. La primera se ocupa del bien común, la segunda se ocupa de la legalidad, la competencia técnica y la honestidad. Estos dos aspectos son mutuamente independientes...". (Bunge 2009)

En tal sentido la acción del Juez debe dirigirse, entonces al cumplimiento central de sus objetivos que como dijimos antes son los 6 puntos desagregados arriba.

Conclusiones:

1. En la legislación argentina el proceso judicial codifica las secuencias de hechos y actos exigidos por la Constitución Nacional para el ejercicio de la cuota de poder político que ejerce el poder judicial.

2. El proceso judicial es el protocolo de la función de juez (sujeto del poder judicial)

3. El proceso judicial tiene como producto final la sentencia (expresión materializada de la acción judicial como acto de gobierno producto del ejercicio de su cuota de poder político)

4. La incorporación de las TICs a los poderes judiciales requiere del conocimiento previo de los fundamentos del proceso.

5. El Juez antes que nada una persona humana con características psicológicas, sociales y culturales propias.

6. El "gobernar" del juez consiste en la búsqueda del bien común (aspecto sustantivo) y la garantía de legalidad, competencia técnica y honestidad (aspecto procedimental).

Segunda Parte

La Organización en la Oficina Judicial

La actividad procedimental del Juez/Magistrado ocurre en la Oficina Judicial donde cuenta con las herramientas y el ámbito idóneo para ejecutar su tarea de juzgar.

La acción jurisdiccional, compleja y específica, que se realiza en cada unidad funcional del Poder Judicial se puede clasificar en tres categorías, a saber: a) Actividad de juzgar; b) Actividad de tramitar lo juzgado; c) Actividad administrativa del Juzgado. Todas estas actividades deben estar dirigidas por el Juez al que le pertenece esa unidad funcional u oficina que se denomina juzgado y/o despacho y en donde ocurre el funcionamiento de un proceso cuyo objetivo es aplicar la ley y hacer cumplir la sentencia.

La existencia, a primera vista, de múltiples actividades de distinta índole o naturaleza, yque deben realizarse dentro de un mismo ámbito y formando un todo presenta como principal problema el surgimiento de conflictos entre actividades cruzadas y el riesgo de generar consecuencias graves. Solamente la organización de la calidad que exige el proceso judicial puede asegurar y garantizar el éxito de lograr el objetivo judicial.

Estas consideraciones muy generales pero ampliamente aceptadas en los interesados en mejorar la gestión judicial me relevan de mayores comentarios respecto a una realidad indiscutida que es la necesidad de mejorar la Oficina Judicial.

Y a lo que agrego que la mejora debe ser pensada atendiendo a la cuestión de la organización preexistente, donde se establece el "ser político" del poder del Juez, muy especialmente si esa mejora implica la incorporación de las TICs en los Poderes Judiciales de la Republica Argentina.

Sociotecnología y Tecnología Administrativa

Entre los trabajos consultados he tomado el de Carlos Vignolo Friz[7]   titulado "Sociotecnología: Construcción de capital social para el tercer milenio"[8]. En el prólogo de la citada obra Friz expresa:

"Continúo en este ensayo una reflexión sobre Reforma del Estado y Modernización de la Gestión Pública iniciada en 1990, a propósito de mi participación en una Misión del Management Development Program (MDP) del Programa de las Naciones Unidas para el Desarrollo (PNUD) en Chile, y continuada luego a través de numerosos proyectos de modernización en una variada gama de instituciones públicas chilenas. Las principales proposiciones interpretativas y de diseño emanadas de esa reflexión –que se encuentran en (Vignolo, 1993), (Vignolo, Lucero y Vergara, 1993), (Vignolo y Vergara, 1994), (Montero y Vignolo, 1997) y (Vignolo, 1998)- apuntan a señalar la urgente necesidad de una revolución paradigmática también en este ámbito, el de la Reforma del Estado y la Modernización de la Gestión Pública. Ello en el contexto de una postura y una aproximación general "ortogonal" y rupturista con la tradición filosófica occidental, a la cual me refiero como "metafísica-racionalística-atomística".

En este ensayo propongo, profundizando en esa línea, que es posible, dados el derrumbe de los viejos paradigmas y la "regla del retorno a cero" - "Cuando un paradigma cambia, todos vuelven a cero"- que Latinoamérica aproveche este "punto de quiebre" filosófico de occidente para dejar de ser un seguidor y participe activamente en la generación de los nuevos paradigmas, idealmente jugando un papel de liderazgo en algunos "nichos". En concreto, sostengo en las líneas que siguen que es viable aprovechar la coyuntura de perplejidad, vacío paradigmático y nihilismo en que occidente se encuentra para jugar, desde estas latitudes, un rol protagónico en la invención de una nueva disciplina, que sugerimos llamar "Sociotecnología", y cuyo objetivo sea la generación de marcos interpretativos – sobre lo humano y sobre lo social- y de tecnologías que permitan la construcción de Capital Social en todo tipo de organizaciones sociales, desde

---

[7] **CARLOS VIGNOLO FRIZ.** Ingeniero Civil Industrial y Magister en Ingeniería Económica de la Universidad de Chile. Ph.D.(c) en Economía, Universidad de Sussex. Actualmente se desempeña como académico, Director del Centro de Gestión (CEGES) y Director del Programa de Habilidades Directivas (PHD) del Departamento de Ingeniería Industrial de la Facultad de Ciencias Físicas y Matemáticas de la Universidad de Chile. Consultor y Director de Empresas. Anteriormente se desempeñó como Director de Fundación Chile, Presidente del Club de Innovadores, Director del Programa de Gestión y Economía de Sistemas de Salud, Director de Docencia, Director de Proyectos Externos y Director de Desarrollo del Departamento de Ingeniería Industrial.

[8] El presente trabajo fue preparado especialmente para ser presentado en el VI Congreso Internacional del CLAD (Centro Latinoamericano de Administración para el Desarrollo) sobre Reforma del Estado y de la Administración Pública, Buenos Aires, Argentina, 5 al 9 de noviembre de 2001, y ha sido recientemente publicado en Reforma y Democracia, Revista del CLAD, Caracas, N° 22, marzo de 2002.

la microempresa hasta organizaciones globales, pasando por las instituciones públicas, las regiones y las naciones.

Esta proposición se apoya, a su vez, en otra también de orden general: la viabilidad y crucial importancia de generar filosofía, ciencia y tecnología propia, como condición sine qua non para alcanzar el desarrollo integral, aquél que efectivamente garantiza soberanía y dignidad, además de libertad, igualdad y fraternidad."

Luego de esta estimulante sugerencia que surge del texto citado, es una nueva oportunidad para recordar la necesidad de pensar con renovados criterios, conceptos y todo aquello que verdaderamente signifique un real cambio. Y es esto lo que en primer lugar debe producirse al inicio de un proceso de reforma y/o modificación que tiene como objetivo generar resultados con mayor calidad y excelencia por parte de los Poderes Judiciales en la República Argentina.

Por tal razón, reitero, resultó necesario, mediante el relevamiento inicial, concluir que el Poder Judicial tiene en su "ser" una cuota de poder político, y su función asignada en el artefacto Estado, es única e independiente de los otros dos poderes.

Y por último, trataremos su mecanismo que es singular y que consiste en instrumentar cómo es que hace o hará lo que tiene que hacer, y como resultará eso que debe producir como producto final que se denomina Sentencia.

Para mejorar estos aspectos contamos ahora con nuevas herramientas que podrían optimizar su funcionamiento. Pero claro esto tampoco es una tarea simple o lineal. Por ejemplo, no será logrado comprando una computadora para reemplazar la máquina de escribir y así mejorar la calidad del proceso y por esta senda conseguir que haya más y mejor justicia en la sociedad.

En primer lugar debemos señalar que la Sociotecnología es una la combinación de conocimientos con adelantos tecnológicos y construcción de nuevos paradigmas con los que se pretenden mejorar el diseño y su aplicación al funcionamiento de las organizaciones. En realidad, la Sociotecnología es una disciplina con la que se estudia la manera de mantener, reparar, mejorar o reemplazar sistemas y procesos sociales existentes; y diseñar o rediseñar unos y otros para afrontar problemas sociales (Bunge 2001).

Por supuesto es necesario recurrir a la ciencia para realizar cualquiera de esas acciones, las que requieren el proceso racional científico para obtener las respuestas multidisciplinarias que elaboren la solución esperada.

En el caso del Poder Judicial creo que es de central importancia el aporte de la Sociotecnología ya que al ser un artefacto que forma parte de otro mayor (el Estado) y creado por el hombre, su mejoría, o superior funcionamiento si se prefiere, está en manos de su creador que es el mismo ser humano. El nuevo diseño de sus procesos debe ser de la ingeniería, en este caso social. Con ese criterio se debe proceder considerando las imposiciones científicas de una construcción tal como ocurre con un puente que si no está diseñado con la verdad se derrumbará.

Pensar el Poder Judicial incorporando la Sociotecnología constituye un verdadero aporte filosófico y me permite esta observación de la problemática que se genera para incorporar las TICs con la pretensión de mejorar el funcionamiento institucional.

TECNOLOGÍA ADMINISTRATIVA

La *gestión* es la acción requerida para el funcionamiento de todos los sistemas sociales. Esta particular actividad se ha acrecentado con el crecimiento en complejidad de la organizaciones.

Con el surgimiento de las grandes empresas en el primer periodo de la Revolución Industrial, otras organizaciones corporativas y el mismo Estado, hicieron nacer para el comienzo del S XX, las Ciencias de la Administración hoy más conocidas como el Management.

Lo que en un comienzo se reducía a manejos contables y estadísticas se amplió a un espectro concurrido por planificaciones cada vez más sofisticadas, pronósticos y simuladores basados en modelos matemáticos y cada vez más elementos.

El Siglo XXI es impensable de gestionar sin herramientas científicas, y la administración de la oficina judicial no está exenta de esta realidad. El Magistrado cuenta con la Tecnología Administrativa, una disciplina social emergente y por lo tanto presente en su seno grandes debates metodológicos, filosóficos e ideológicos. Tal como Bunge[9] señala:..."*La Tecnología administrativa es tan joven que todavía hay animadas polémicas sobre cuestiones tales como el papel de la teoría económica de la empresa (que pasa por alto aquella tecnología); la relación entre la productividad y la competitividad; la misión apropiada de gerentes, contadores y analistas financieros; la naturaleza y el rol de estrategias, planes y pronósticos; las funciones de la intuición, la experiencia y la modelización matemática; y el status de la disciplina y sus relaciones con otros estudios sociales; en especial la económica y la sociología*"...A mi criterio, el mismo Dr. Bunge en otro párrafo del mismo texto, concluye:..."*En suma, no es exagerado declarar que el desempeño de cualquier organización, en particular una Empresa, depende de la filosofía que inspira a su conducción y subyace a su política*"...

---

[9] *"Las Ciencias Sociales en discusión"*

El Juez para lograr su objetivo debe administrar recursos y elementos, disponer ordenes de acciones diversas, coordinar tareas, relaciones entre objetos y personas involucradas con las que produce con mayor o menor competitividad el resultado de su gestión, que no es otro que la Sentencia misma.

Desde esta perspectiva el Juzgado presenta la misma problemática que una Empresa y debe realizar la actividad jurisdiccional para producir Sentencias Judiciales que es su razón de ser y de cuya gestión es el único responsable. En la Empresa Privada es el Gerente, y como este, también el Juez el encargado de crear la Estrategia de la organización de su Juzgado/Tribuna. Para ello deberá instrumentar un Plan de gestión.

La estrategia es un objetivo aunado con un medio. En el tema que me ocupa. el objetivo de la organización del Poder Judicial es el cumplimiento del servicio público de aplicar la Ley y hacerla ejecutar mediante la aplicación de principios y técnicas organizacionales adecuadas.

Con este criterio es que debe lidiar el Juez al ejercer su magistratura ya que en la acción jurisdiccional el objetivo depende del soporte para ejecutarlo y/o materializarlo. Como se trata de un acto de gobierno clasificado como Sentencia (producto de un proceso judicial) este es producido (fabricado) en una Oficina. Por lo tanto debemos considerar que se trata de una unidad organizacional compuesta por elementos y recursos humanos que relacionados entre sí producen un proceso administrativo para el cual deben estar específicamente organizados.

El gerente de esa organización, de la cual estamos hablando, es el Juez. En el ejercicio de su función política administra e impulsa su funcionamiento.

Uno de los aspectos que resolverá es precisamente la estrategia o política para el mejor logro de su objetivo.

Táctica: Planificación

El Juez como administrador de la organización resulta el responsable directo de su funcionamiento, no puede ni debe improvisar. Por ello que planifica, pronostica y presupuesta. Para estas responsabilidades, debe contar con los mejores conocimientos disponibles. El criterio para la planificación debe ser flexible y de gran adaptabilidad de la organización a los cambios internos y externos o ambientales.

Se aconseja que, para estar al día con el cambio social y la verdadera tecnología, el conocimiento sea el *realismo*.

Pero lo más trascendente, es que esas tareas descriptas tengan al Juez como protagonista central de la concepción definitiva del plan, porque es muy positivo contar con un equipo de expertos y asesores para construir los planes con la obligatoria participación del Juez. Este, por ser inherente a su poder indelegable, debe comandar el equipo y por supuesto posee la última palabra en todas las decisiones que afectan al planeamiento. Por eso más adelante, donde sugiero la creación de un departamento de colaboradores y asesores multidisciplinarios para el asesoramiento en la cuestión organizacional de la Oficina Judicial, se debe tener en cuenta que dichos aportes tendrán absoluta dependencia de la voluntad del Juez.

En el caso puntual de la incorporación de las TICs el proceso debe contar con dos partes. La primera de ellas consiste en la construcción general de la obra y a cargo de un equipo multidisciplinario que atiende los objetivos de información y comunicación técnicos afuera del ámbito del juzgado. La segunda, que corresponde al ingreso de esa tecnología en el ámbito del propio Juzgado y concretamente en la zona de jurisdicción del propio Juez.

CUESTIÓN POLÍTICA PREVIA

Antes de avanzar en la reforma o modificación mediante la incorporación de las Tics en los Poderes Judiciales de la República Argentina, considero oportuno reconsiderar lo dicho y proyectarlo con mayor precisión en lo que queda por decir.

El primer tema, referido a la aplicación, ejecución o praxis de la reforma y/o modificación, plantea la siguiente pregunta: ¿Quién es el que hará lo que haya que hacer? En esta hipótesis, la respuesta es: el propio Juez (Magistrado unipersonal o colegiado del Tribunal).

Es el Juez el encargado de llevar adelante cualquier reforma o modificación de la organización de su Juzgado porque solo él tiene la facultad del propio Poder Judicial que le asigna la Constitución Nacional (Principio de Legalidad en la distribución del Poder Político). Esta norma es la primera causa de todos los actos de la República.

En efecto, la organización que impone esta forma de gobierno se caracteriza por separar la gestión que realiza cada poder de los otros dos en forma absoluta. De tal manera que una reforma o modificación del Poder debe ocurrir como un acto Republicano más, y sólo el propio Poder involucrado en dicha reforma será quien lo lleve adelante. Ninguno de los otros dos tiene que tener injerencia en absoluto. Es más, hasta en el presupuesto hay que observar con gran cuidado y detalle la discusión o análisis del cambio que se pretenda llevar adelante a fin de que no haya solapamientos o desvíos de partidas que restrinjan la actividad de cualquiera de ellos.

El segundo gran tema es el Federalismo que se pone en marcha con el accionar de cada Poder Judicial imponiendo sus jurisdicciones y competencias, instalado por la organización previa que emerge de la Constitución Nacional.

En la actividad de reforma habrá, y de hecho es necesario que así ocurra, asesoramiento y colaboración de científicos y profesionales de la Sociotecnología. Sobre esta cuestión se abre un amplio espectro y horizonte de actividades. Incluso he mencionado la posibilidad y necesidad de crear un área común dentro del Poder Judicial con una Dirección de Asesoramiento que cuente con todas las disciplinas de la tecnología administrativa en apoyo a cada Juez que requiera de este recurso para aplicar en la organización y funcionamiento de su oficina. Este Departamento estará vinculado con la Universidad específica mediante los convenios de estilo, etc.

Pero siempre teniendo presente que este aporte científico será el "asesoramiento" en estas cuestiones requeridas por el Juez quién, como ya dije, será el único que tendrá la decisión de aplicar o incorporar lo asesorado. Algo así como sucede con todos los aportes de los auxiliares de la justicia en la elaboración de una Sentencia. Además de la obligación previa, que nace de la forma republicana (separación de poderes) concurren razones de efectividad, idoneidad y eficacia en el logro de los objetivos.

También es importante considerar al Juez como un ser humano ya que es eso antes que su investidura. Su perfil psicológico, social y cultural estarán en juego en su actividad ya la persona del Juez constituye el medio real para que el Poder Judicial materialice los actos de gobierno cuya expresión concreta son las Sentencias.

Está muy claro, es muy evidente y notorio, que el Juez como sujeto de la acción jurisdiccional debe ser considerado el protagonista idóneo de toda la gestión. Es cierto que debe estar preparado para realizar intelectualmente la operación que demanda el silogismo judicial[10]. Pero también, el Juez, debe administrar el entorno y su contexto (Oficina dentro y fuera) donde confeccionará la situación previa (sustanciación del proceso) con que va a realizar la operación cuyo resultado será la Sentencia.

El Juez debe saber por qué y cómo funciona el mecanismo total de su Juzgado y que sirve a su acción Jurisdiccional y por supuesto debe tener el compromiso que tiene el propietario sobre la cosa. Es que el Juzgado es ese conjunto formada por la relación de cosas y personas, el edificio, escritorios, luces, expedientes, libros, lapiceras, mesa de entradas, despachos, empleados, oficiales, secretarios, relojes, sillas, corpus legis, etc., y es el soporte material de la cuota de poder político que le toca en su investidura de Juez.

Un Juez no debe ser mirado, tal como ocurre hoy, como si fuera un empleado jerárquico o el jefe de una dependencia. Por el contrario el Juez es la máxima autoridad política en la porción espacio-temporal donde ejerce la facultad que establece la Constitución

---

[10] *SIL. Este es el silogismo judicial que consiste, desde la lógica formal, en una premisa menor que es el hecho juzgado, la premisa mayor que es la Ley aplicable a ese hecho, y el razonamiento o subsunción de la premisa menor a la mayor y cuya conclusión es la Sentencia.*

Nacional. Es necesario que caiga aquel paradigma que hoy está instalado popularmente y por desgracia hasta habita en la mente de los propios Jueces. Por esta razón también resulta imprescindible la participación del Juez y estoy convencido que debe protagonizar los eventos donde se tomen todas las decisiones que incumban al ejercicio del Poder Judicial.

NORMAS IRAM 30600 (ISO 9001)

Un ejemplo del aporte de la Tecnología Administrativa a pesar de no haber tenido difusión (diría nula) las noticias sobre las Normas ISO que prescriben los estándares necesarios que debe cumplir un proceso administrativo, y que, aplicados a la gestión de Justicia garanticen que sus procesos se realicen con el nivel de calidad esperado.

Aclaro que me estoy refiriendo al ambiente científico del Derecho, y en particular, al tratamiento de esta cuestión. Consideraré entonces las normas ISO aplicadas a la gestión de justicia.

La Organización Internacional de Estandarización (ISO, según la abreviación aceptada internacionalmente) tiene su oficina central en Ginebra, Suiza, y está formada por una red de institutos nacionales de estandarización en 156 países, con un miembro en cada país.

El objetivo de la ISO es llegar a un consenso con respecto a las soluciones que cumplan con las exigencias comerciales y sociales (tanto para los clientes como para los usuarios). Estas normas se cumplen de forma voluntaria ya que la ISO, siendo una entidad no gubernamental, no cuenta con la autoridad para exigir su cumplimiento.

Sin embargo, tal como ha ocurrido con los sistemas de administración de calidad adaptados a la norma ISO 9000, estas normas pueden convertirse en un requisito para que una empresa se mantenga en una posición competitiva dentro del mercado.

La ISO 9001 es una norma internacional que se aplica a los sistemas de gestión de calidad (SGC) y que se centra en todos los elementos de administración de calidad con los que una empresa debe contar para tener un sistema efectivo que le permita administrar y mejorar la calidad de sus productos o servicios.

Considerar esta herramienta (ISO) es tener una primera percepción del mecanismo con que tiende a funcionar el "Sistema Mundo", como y porque la mundialización o mal llamada globalización, resulta ser la emergencia más divulgada y difundida en estos días sin que se sepa mucho de este fenómeno.

En efecto, el concepto de: "calidad de la gestión en un proceso administrativo local" concebido en y desde el Sistema Mundo, parece, en términos de poder político local, un hecho incompatible por la injerencia externa en los "asuntos internos" de cada País.

Y hasta algunos "caciques" imaginan que son herramientas (las Normas ISO) del poder transnacional para preparar homogéneamente la realidad local a la invasión posterior, etc. En definitiva un conflicto más.

Claro, esto hay que decirlo, que la Norma ISO fue diseñada y construida por los representantes de cada uno de los países (localismos que componen la Organización ISO y por esta vía es que cada individuo participan del Todo) en primer lugar.

También es de destacar, que al tratar esta cuestión, se puede apreciar que su naturaleza (ontología para ser precisos) se rige por las leyes del universo[11] y a estas no solo hay que "conocerlas" sino que es obligación "incorporarlas", como por ejemplo: La Ley de Gravedad, por citar una de amplio espectro en su aplicación.

En los procesos organizacionales, como el que contiene la gestión de justicia, muestra su mecanismo construido sobre elementos sincronizados y articulados en estas leyes que son ajenas a la voluntad humana y para que puedan funcionar de manera sostenible y sustentable, los hombres, cuando diseñan sus organizaciones deben adaptar las acciones a ellas. De igual forma solo se pudo volar cuando se logró comprender el funcionamiento de las leyes físicas y no al revés. Porque como bien sabemos esas leyes nunca cambiaron y fueron siempre exactamente las mismas mientras el hombre no logró volar o no supo hacerlo.

Las Normas ISO, de carácter mundial son recomendaciones para mejorar la calidad de un proceso de gestión, para el caso que nos interesa, el proceso de gestión de Justicia. Hecha la Norma ISO, cada País las adopta y las convierte en una norma local a la que se le atribuye su aplicación de manera vinculante, al menos como referente para la evaluación de los procesos susceptibles de observar o someter a su consideración.

En España AENOR es el ente representativo de ISO que aplico para su reorganización del proceso e instalación de la nueva oficina judicial la Norma ISO 9001 y en el caso de Argentina esa misma quedó plasmada en la Norma IRAM 30600 en Septiembre del 2006.

CONCLUSIÓN:

Esta segunda parte tiene como proposito introducir el conocimiento aproximado de los nuevos aportes que hacen las novedosas ciencias multidisciplinarias y que se ocupan de la nueva problemática emergente con la cuestión organizacional de los procesos administrativos.

---

[11] *Hacking, Stephen. "El gran diseño"*

Las impactantes novedades tecnológicas deben ser adoptadas, pero además, exigen planificación tanto para su incorporación como para su sostenimiento en el futuro.

Las dificultades superadas son sustituídas por nuevos obstáculos y exigencias, se requieren personas con otras capacidades y adiestramientos.

También debo destacar la importancia impactante que trae la cibernética como el soporte central de las nuevas realidades. Estas novedades que todavía aparecen como fantasias deslumbrantes son el puente que ha permitido el crecimiento monumental de la acumulacion de capital, el desarrollo del mercado en dimensiones nunca vistas en la historia del hombre. Esto ha generado en efecto cascada de innumerables situaciones y de las más diversas naturalezas. También ha instalado nuevas necesidades con un crecimiento exponencial. El hombre solo y como individuo es casi insignificante ante su propia obra. Nuevos valores exigen su lugar en nuevos ambientes y un extenso horizonte de relaciones modifican los conceptos más elementales y básicos.

Es evidente que se necesitan muchas fórmulas y mecanismos novedosos para resolver los problemas del presente. La realidad puede ser sometida a las mas variadas opiniones, pero lo que nadie podrá discutir es la necesidad de un pensamiento novedoso y de gran calidad.

TERCERA PARTE

INTRODUCCIÓN

¿Cómo hacer con la TICs y los Poderes Judiciales?....Esta es mi idea al respecto.

1) En primer lugar quiero destacar que los fundamentos sobre los que se apoya esta hipotética Oficina Judicial están fundados en la primera y segunda parte del presente trabajo.

2) En segundo lugar, mi hipótesis de la nueva Oficina requiere de ciertas reformas en las leyes pertinentes, tanto de fondo como de forma, aprovechando el proceso de incorporación de las TICs y en consonancia con el nuevo diseño de una modernizada organización procedimental de los Poderes Judiciales.

3) En tercer lugar, debe tenerse en cuenta que la tecnología debe ser incorporada en forma total y constituir el único soporte de la actividad evitando la fragmentación de los procesos o el doble estándar de uso y control. En la nueva E-Oficina Judicial debe haber una sola y única vía por donde ocurra, por donde, en definitiva se ejecute la decisión del Juez.

REFORMAS PREVIAS

Son aquellas que deberán realizarse antes o en simultáneo con la primera etapa del proceso de incorporación de tecnología pero que deben estar vigentes cuando se instale la E-Oficina Judicial.

En esta hipótesis son necesarias e imprescindibles seis. Las primeras cuatro, a saber:

el Juicio Arbitral, la Prueba, NOTIFICANET e INFOLEGIS implican una evolución en la organización del Poder judicial que pueden sobrevivir si la instalación de las TICs se demora ya que no son piezas del funcionamiento de las TICs para el Poder Judicial, aunque son accesorios y complementos indispensables a las tareas jurisdiccionales.

Las otras dos, que son la Firma y el DNI Digital si constituyen partes centrales y directas del funcionamiento de las TICs incorporadas a los Poderes Judiciales.

Haré una breve exposición sobre cada una de estas reformas o modificaciones. Si bien éstas requieren del proceso legislativo, su tratamiento no debería ser extenso o dilatado se trata de temas y cuestiones que hace un buen tiempo se están considerando y en algunos casos hasta tienen leyes con procesos incompletos y sin ejecutar como es el caso de la Firma Digital.

Me referiré en primer lugar al Juicio Arbitral, la reforma de la etapa de la prueba y los Centros auxiliares que son NOTIFICANET e INFOLEGIS, para finalizar con el DNI y la Firma Digital.

JUICIO ARBITRAL:

Respecto al Servicio de Justicia resulta oportuno señalar la elevada capacidad de organizaciones voluntarias y académicas en la sociedad para ocuparse de la resolución de conflictos y litigios entre privados con prescindencia del Estado. En efecto, siguiendo el mensaje de Lincoln quién señalaba que el Estado está para hacer todo lo que los particulares no pueden hacer bien o directamente no pueden hacer se puede considerar que los ciudadanos pueden resolver ciertos conflictos y litigios mejor que el Estado. Me refiero al Juicio Arbitral de gran difusión en todo el planeta. Como es sabido el Juicio Arbitral es llevado adelante por un Juez o Tribunal"ad hoc", preparado para entender en cuestiones muy especificas y de gran complejidad que requieren de una idoneidad y/o preparación especial para desentrañar litigios. Las partes se someten a su jurisdicción en caso de existir litigio mediante una cláusula contractual.. Luego de la sustanciación con participación de las partes, el tribunal arbitral resolverá mediante un laudo que equivale a la sentencia. El Juicio Arbitral nos muestra un camino muy valioso para optimizar la Justicia pública dándole mayor calidad a un servicio casi inexistente como el que actualmente brinda el Estado. Hoy resulta hasta ridículo que el Poder Judicial se ocupe de cobrar deudas por cheques sin fondos o pagarés vencidos. Es más, considero que hoy desde la exigente mirada política es una desviación patológica y grave que eso ocurra. Digo esto porque entre las causas que se sustancian en los fueros civiles y comerciales son mayoría abrumadora aquellas que pueden ser prorrogables y susceptibles de arbitraje.. Recordemos que el laudo arbitral es apelable y que el Poder Judicial tiene la última palabra cumpliéndose con el orden institucional republicano.. Pero es evidente e innegable el alivio que supondría la migración de todas estas causas al juicio arbitral, ya que ello permitirá que, sumados a otras reformas y modificaciones, el Poder Judicial se ocupe de sus objetivos más importantes.

Esta opción no requiere reforma alguna sino la decisión utilizar una herramienta que sólo se usa en casos muy específicos (por ejemplo, Mercado de Capitales, Bolsa de Cereales), y cuya difusión de gran espectro mejoraría sensiblemente el funcionamiento del Poder Judicial.

La Prueba:

Antes había mencionado brevemente el tema de la Prueba como una necesaria e imprescindible reforma a realizarse en el Código de Procedimiento. En realidad más que una reforma se trata de una actualización y adecuación tan profunda como es el rezago que presenta este segmento del proceso con respecto a la realidad actual, la que es muy diferente a la época en que históricamente se concibió el proceso judicial todavía vigente.

En primer lugar, el principio de obligar a la realización entera de la prueba en sede judicial resulta obsoleto, inconducente y genera un dispendio económico innecesario. Además, esta es la principal causa de las dilatadas demoras a los procesos generando un malestar innecesario en la sociedad civil.

Solo a modo de ejemplo referiré algunos supuestos del proceso probatorio donde podemos observar simplemente su total inutilidad.

Aclaro nuevamente, que dejamos fuera de la propuesta al Proceso Penal en su totalidad, tanto en la etapa instructora de la investigación a cargo de la Procuración o Fiscalía del Ministerio Público como el Juicio Penal plenario y sus demás instancias en sede del Poder Judicial.

En general, las pruebas que representan a los hechos y sus secuelas que serán sometidas al proceso de juzgamiento, deben ser aportadas con el inicio del Juicio o litigio. Otros medios probatorios que consisten en dictámenes periciales, informes técnicos o institucionales, deben y pueden hacerse externamente y hasta antes de la iniciación del proceso. Aún la prueba de testigos simples o calificados, pueden ser tomadas en los propios estudios o recintos apropiados que puedan facilitar los Colegios de Abogados, pueden ser filmados y acompañadas de las actas donde se reproducen los interrogatorios y sus respuestas; acreditando la participación de las partes contrarias y cumpliendo todos los recaudos que ameriten y prueben haberse respetador el debido derecho de defensa. Por otra parte, y creo que no merece un análisis muy extenso esta cuestión, considérese como se procede en otros Países y obsérvese el resultado exitoso al respecto.

En el caso de la prueba Informativa, también carece de sentido su inclusión en la sustanciación del proceso y habida cuenta la posibilidad que brinda la e-información considero inútil decir nada más. Hoy las TICs incorporadas a Bancos, Centros de todo tipo, Empresas privadas, Organismos Públicos hacen innecesarios estas medidas que aparecen como inútiles y redundantes como consecuencia del rezago antes apuntado.

Para concluir, esta reforma con la que podría eliminarse la etapa probatoria del Proceso, considerando solo los casos excepcionales que como es sabido siempre habrá una razón que los justifique, puede decirse que es obligadamente necesaria "per se". Su actual régimen de realización sólo configura actos procesales repetitivos y produce demoras atomizadas que sumadas adquieren una dimensión más que relevante en materia de tiempo, en algunos casos de proporciones escandalosas.

NOTIFICANET

La Oficina de Mandamientos y Notificaciones que funciona actualmente en los Poderes Judiciales Argentina se corresponde con la tecnología administrativa del Siglo XIX. Esta consiste en un área específica que provee a todos los Juzgados y Tribunales de la jurisdicción departamental, del servicio de realizar las comunicaciones, remisiones y recepción de las noticias Judiciales que son transmitidas en soporte de papel. Esta solución legendaria de la organización judicial se originó en la época en que el papel era la única vía de circulación que tenía el lenguaje escrito. La Informática que significa información automática, en aquel entonces resolvió la cuestión construyendo un objeto de papel en donde instaló mediante la escritura, la sustanciación de cada causa. Ese objeto recibió el nombre de *"expediente"*. A partir del expediente los demás actos que requerían comunicaciones vinculantes con el proceso judicial se realizan mediante la Oficina de Mandamientos y Notificaciones. En este sitio se accionaba todo lo necesario para que la comunicación requerida por la ley del procedimiento se tuviera por cumplida y con su intervención el acto se tuviera como producido de manera fehaciente e incontrastable.

Esta Oficina debe ser reemplazada por su equivalente diseñado y construido para ser utilizado en la nueva realidad técnica. Se trata de una novedad basada en el soporte electrónico para vehiculizar el lenguaje a diferencia del soporte de papel. A esta nueva realidad se agregan todos los demás accesorios cibernéticos (telemática) dejando ensamblado un artefacto idóneo en este proceso de comunicación que demanda y requiere el proceso judicial mediante las TICs.

En la hipótesis que desarrollo, es necesario incorporar esta área en el Poder Judicial, a su exclusivo cargo y en el mismo rango de la organización que tiene la actual Oficina de Mandamientos y Notificaciones.

A manera de ejemplo traigo a consideración lo realizado en España con esta cuestión siempre cuidando de no vincular la situación con el contenido político en aquel Reino.

y que permite comprender NOTIFICANET según la experiencia española con el sistema LEXNET[12].

> *LexNet es una plataforma de intercambio seguro de información entre los Órganos Judiciales y una gran diversidad de operadores jurídicos que, en su trabajo diario, necesitan intercambiar documentos judiciales (notificaciones, escritos y demandas). Han transcurrido varios años desde su implantación y LexNet se ha convertido en un instrumento de trabajo seguro tan habitual en el ámbito de las comunicaciones judiciales, como el teléfono, el fax o el correo electrónico. El sistema que empezó a funcionar en el año 2004.Lexnet, tal y como su nombre indica (la Ley en la Red), pretende extender gran parte de los servicios que ofrece la Administración de Justicia a través de Internet, haciendo que éstos sean accesibles desde cualquier parte y en cualquier momento. En la actualidad el sistema permite: El intercambio seguro de información. El uso de firma electrónica reconocida. Acceso vía web. Funcionamiento 24x7.Ahorro de papel. Inmediatez en las comunicaciones. En cuanto a los usuarios que actualmente están utilizando el sistema son: Órganos Judiciales y Oficinas de Registro y Reparto. Procuradores y Colegio de Procuradores. Abogacía del Estado. Abogacías dependientes de la Abogacía del Estado (FOGASA, INEM, AEAT y Consorcio).Abogacía Comunidad. Abogacía SJSS. Fiscalías. Abogados. Graduados Sociales.[13]*

INFOLEGIS (Información Legal, Jurisprudencial y Doctrinaria)

Este sitio, al que denominaré **INFOLEGIS,** será instalado y operado en la Comunidad del Poder Judicial de cada Provincia y la Nación. Su objetivo consistirá en proveer a los operadores jurisdiccionales con firma digital para acceder a toda la información del que este sitio dispone y procesa que incluye: a) toda la Legislación Positiva y Vigente total "in extenso", b) toda la jurisprudencia producida en todas las instancias de todos los Poderes Judiciales de la República en todas las instancias y c) toda la doctrina legal acreditada por el máximo reconocimiento científico.

---

[12] *El sistema Lexnet puede definirse como una plataforma tecnológica que permite la remisión y recepción de escritos y documentos procesales, basada en un sistema de correo electrónico seguro, mediante el empleo de la "firma electrónica reconocida". Como cualquier sistema de notificación o comunicación procesal, en este caso a través de medios telemáticos, debe reunir las condiciones de seguridad, autenticidad, integridad y no repudio, constancia fehaciente de su realización y del momento en que se efectúa, con las correlativas garantías de confidencialidad – vid. art. 2 RD 84/2007: definición y características del sistema-. HACIA UN PROCESO CIVIL MÁS EFICIENTE: COMUNICACIONES TELEMÁTICAS. EL SISTEMA "LEXNET". MONTSERRAT DE HOYOS SANCHO.*

[13] *http://infolexnet.justicia.es*

Para que funcione adecuadamente deberá tener responsables de su contenido y de su asistencia técnica. Cada Poder Judicial se ocupará de designar el grupo interdisciplinario afectado a estas tareas. Debo destacar que no se trata de una aparente tarea recopiladora o recolectora de textos, fallos o datos que encuadren en una preclasificación estandarizada. Por el contrario esta base de una data tan sensible y crítica como las normas jurídicas de aplicación positiva conforma un plexo de cierta complejidad, de igual manera sucede con muchas normas que decaen en el uso o en contradicciones con legislación posterior deben ser objeto de una observación atenta y constante. De la misma manera deben ser revisados y ordenados los fallos que puedan ser llevados con fuerza de ley a nuevos casos que es el primer efecto de la jurisprudencia. Pero también está el potente efecto que esa jurisprudencia contribuya a la formación de nuevas leyes o reformas que mejoren la existente.

Lo dicho debe ser acompañado de una aplicación tecnológica contando con un *Buscador* de gran eficacia para gestionar todos estos datos que por su numeroso caudal pueden perderse en el momento oportuno haciendo mermar calidad a la administración de justicia. Es por eso que debe haber un equipo de informáticos de gran nivel y capacidad para que consustanciados con el equipo de juristas logre una formula interdisciplinaria que asegure el mejor resultado.

FIRMA DIGITAL

Una firma digital es un conjunto de datos asociados a un mensaje que permite asegurar la identidad del firmante y la integridad del mensaje. La firma digital no implica que el mensaje esté encriptado, es decir, que este no pueda ser leído por otras personas; al igual que cuando se firma un documento holográficamente este sí puede ser visualizado por otras personas.

El procedimiento utilizado para firmar digitalmente un mensaje es el siguiente: el firmante genera mediante una función matemática una huella digital del mensaje. Esta huella digital se encripta con la clave privada del firmante, y el resultado es lo que se denomina firma digital la cual se enviará adjunta al mensaje original. De esta manera el firmante va a estar adjuntando al documento una marca que es única para ese documento y que sólo él es capaz de producir.

El receptor del mensaje podrá comprobar que el mensaje no fue modificado desde su creación y que el firmante es quién dice serlo a través del siguiente procedimiento: En primer término generará la huella digital del mensaje recibido. Luego desencriptará la firma digital del mensaje utilizando la clave pública del firmante y obtendrá de esa forma la huella digital del mensaje original Si ambas huellas digitales coinciden, significa que el mensaje no fue alterado y que el firmante es quien dice serlo.

¿Donde residen la clave pública y la privada? La generación del par de claves (pública y privada) es un proceso sencillo, pero que requiere de precauciones especiales. Cuando se crea el par, una de las claves, que es en realidad una secuencia muy larga de números, es designada como clave privada, o sea la que en el futuro se empleará para firmar los mensajes. Por ello su almacenamiento requiere máxima seguridad debido a que no debe ser conocida ni utilizada por nadie, excepto por su titular (quien la generó). En consecuencia, la clave privada se encripta y protege mediante una contraseña y se la guarda en un disco, diskette o, idealmente, en una tarjeta inteligente. La clave pública, en cambio, debe ser conocida por todos por tal motivo es enviada a una Autoridad Certificante (que actúa como tercera parte confiable), quien la incluye en un certificado digital.

DNI DIGITAL

El Documento Nacional de Identidad ha ido evolucionado e incorporando las innovaciones tecnológicas disponibles en cada momento, con el fin de aumentar tanto la seguridad del documento como su ámbito de aplicación. Con la llegada de la Sociedad de la Información y la generalización del uso de Internet se hace necesario adecuar los mecanismos de acreditación de la personalidad a la nueva realidad y disponer de un instrumento eficaz que traslade al mundo digital las mismas certezas con las que operamos cada día en el mundo físico y que, esencialmente, son: 1) Acreditar electrónicamente y de forma indubitada la identidad de la persona. 2) Firmar digitalmente documentos electrónicos, otorgándoles una validez jurídica equivalente a la que les proporciona la firma manuscrita.

Para responder a estas nuevas necesidades nace el *Documento Nacional de Identidad electrónico (DNIe)*, similar al tradicional y cuya principal novedad es que incorpora un pequeño circuito integrado (chip), capaz de guardar de forma segura información y de procesarla internamente.

Para poder incorporar este chip, el Documento Nacional de Identidad cambia su soporte tradicional (cartulina plastificada) por una tarjeta de material plástico, dotada de nuevas y mayores medidas de seguridad.

El DNI electrónico nos permitirá, además de su uso tradicional, acceder a los nuevos servicios de la Sociedad de la Información, que ampliarán nuestras capacidades de actuar a distancia con las Administraciones Públicas, con las empresas y con otros ciudadanos.

En la medida que el DNI electrónico vaya sustituyendo al DNI tradicional y se implanten las nuevas aplicaciones, podremos utilizarlo para: Realizar compras *firmadas* a través de Internet, hacer trámites completos con las Administraciones Públicas a cualquier hora y sin tener que desplazarse ni hacer colas, realizar transacciones seguras con entidades bancarias, acceder al edificio donde trabajamos, utilizar de forma segura nuestro ordenador personal, participar en un conversación por Internet con la certeza de que nuestro interlocutor es quien dice ser.

CONSORCIO COORDINADOR PARA LA E-JUSTICIA EN LOS PODERES JUDICIALES DE LA REPUBLICA ARGENTINA

En el proyecto que he imaginado es necesario instalar la plataforma de una comunidad o red social en Internet. El primer paso es la creación de un organismo "ad hoc" público, federal y no gubernamental al que denominaré *Consorcio Coordinador para la instalación de la E-Justicia en la Republica Argentina*.

Advierto que este Consorcio funcionará como un *obrador* y solo existirá hasta que cumpla con su cometido. Sólo lo sobrevivirá su obra.

El Consorcio Coordinador estará formado en su carácter de centro de interconsulta, por los representantes designados de cada uno de los Poderes Judiciales de las Provincias y uno por el Poder Judicial de la Nación cuyas decisiones solo podrán establecerse por unanimidad.

Su primer objetivo será coordinar el diseño y definición del núcleo técnico del *Prototipo Básico de Comunidad Judicial*. Este proyecto contempla la definición del Hardware o Servidor y su Software que se estiman como suficientes para hospedar (hosting) el universo de sitios (sites) definidos, seleccionados y autorizados por el Poder Judicial respectivo que en carácter de propietario utilizará para accionar su propia comunidad judicial.

El segundo objetivo consistirá en la confección desagregada del presupuesto que este emprendimiento demandará y su correspondiente presentación por ante el Poder Legislativo según lo dispuesto por la Constitución Nacional preservando, protegiendo y potencializando la República y el Federalismo en el proceso de incorporación tecnológica de TICs a los Poderes Judiciales de la República Argentina.

Por último diseñará un prototipo de *Área Asesora y de Desarrollo en Tecnología de la Comunicación e Información,* de acción sostenida y sustentable de la TIC del Poder Judicial al que pertenece, que lleve adelante las relaciones académicas que su accionar requiera y las consultas Internacionales a los centros científicos involucrados para el enriquecimiento de sus desarrollos puntuales.

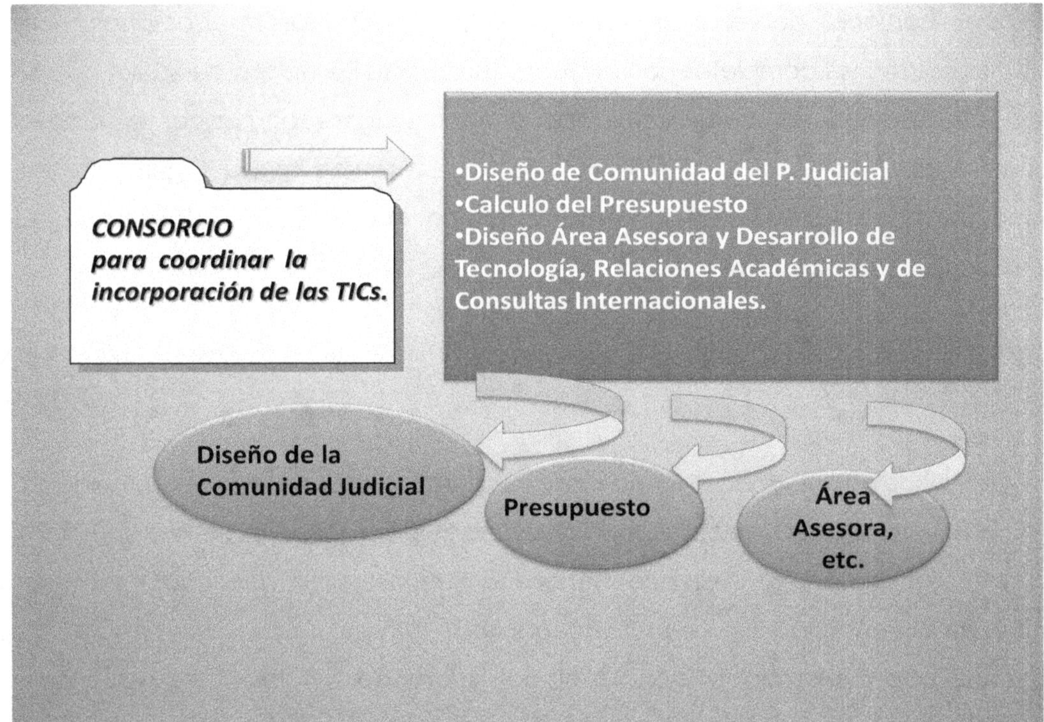

Grafico 1

El consorcio coordinador tendrá absoluta neutralidad política y su objetivo deberá respetar la legalidad científica establecida, la misma que es reconocida en el estándar científico universal y/o mundial.

Funcionará como un obrador y/o astillero en donde se construye la obra objeto del proyecto y hasta su puesta en funcionamiento real. Debe poseer la flexibilidad de adecuarse, en tiempo real, a los distintos estados que vaya presentando la obra y de esta manera no alterar el proceso creativo.

Tratándose de una organización "ad hoc" le estará permitido tercerizar las tareas utilizando los llamados a concursos públicos internacionales con el firme propósito de construir la obra con aquellos más avanzados en el tema, procurando la mejor y mayor calidad para la mejora de la gestión de la Justicia.

Este Consorcio Coordinador reunirá un equipo de profesionales capacitados para diseñar las plataformas, gestionar la producción de los proyectos y se formará una comisión de los autores para asesorar a los equipos que construirán en cada provincia las comunidades y su posterior puesta en funcionamiento. También se encargaran de crear un área de desarrollo que en conexión con las Universidades idóneas mantengan actualizado el proyecto y asistiendo a las reformas y modificaciones que demanden las incorporaciones tecnológicas futuras.

Cada Poder Judicial Provincial y el Nacional instalarán sus respectivas Comunidades Judiciales en sus propios servidores para subir a Internet, esto significa que habrá total independencia de hardware entre cada uno de los Poderes Judiciales, cada servidor tendrá asiento en el territorio de su Poder Judicial propietario. La comunicación entre ellos será virtual.

PRIMERA ETAPA

COMUNIDADES JUDICIALES (PROYECTO Y DISEÑO DE LA PLATAFORMA)

Se comenzará por diseñar un prototipo al que se denominará Comunidad Judicial. Será un modelo básico y aplicable a todos los Poderes Judiciales de la República Argentina. Esta Comunidad consiste en un conjunto de elementos cibernéticos que deben estar en posesión de cada uno de los Poderes Judiciales e instalados físicamente y territorialmente en sedes propias, con control técnico y operativo por parte cada uno de los Poderes Judiciales, que además, son sus únicos y absolutos propietarios.

Repito que es condición necesaria que la Estación Servidora o Servidor y su Software configurado para hospedar sitios que ingresaran a la Comunidad Judicial le pertenezca a cada uno de los Poderes Judiciales en propiedad y en posesión, es decir que físicamente este instalada en territorio propio y se encuentre bajo su administración y control técnico.

En segundo lugar se construirá un diseño de la plataforma virtual de la Comunidad Judicial que se alojará en el Servidor Judicial y subirá a Internet como un portal del Poder Judicial del que se trate y estará desarrollada, gestionada y activada por el staff idóneo y designado por el máximo funcionario administrativo del Poder Judicial del caso.

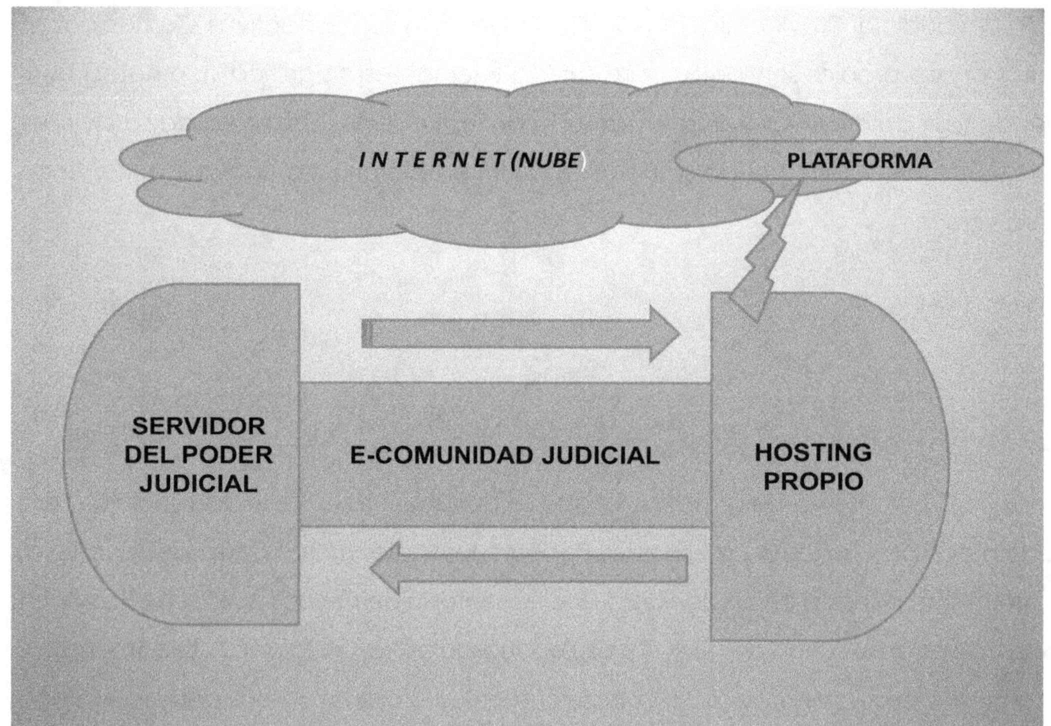

Grafico 2

La Comunidad Judicial constituirá la puerta de ingreso virtual al Poder Judicial y no habrá otra vía para acceder que no sea la dispuesta. Esta presentará al visitante las opciones acompañadas de las correspondientes instrucciones y ayudas que permitan su exploración y participación interactiva que correspondan a su status.

Aquí cabe la siguiente aclaración: El Justiciable o el simple ciudadano podrán acceder al Poder Judicial por esta vía sin perder ningún derecho que tuviera conforme al protocolo dispuesto en las normativas para ingresar y actuar en su sede.

La Comunidad Judicial del Poder Judicial se abrirá en la Web como un Portal que su principal objetivo es vincular al visitante con todos los sitios que se hospedan en ese Poder Judicial a título informativo y permitirá la interactividad con los permisos concedidos conforme los dispongan las normativas.

Esta Comunidad Judicial tiene un funcionamiento como cualquier red social que ya son de gran conocimiento público, pero cerrada y limitada a los participantes que establecen las normas y protocolo procedimental del Poder judicial.

Para tener una visión aproximada de los sitios y dominios que, previa concesión del Poder Judicial, tendrán alojamiento en el Servidor Judicial formando y participando la red de la Comunidad Judicial, daré el siguiente listado:

1) Portal del Poder Judicial.org

2) JuezHercules.org

3) Notificanet.org

4) Infolegis.org

5) Firmadigital.org

6) DNIdigital.org

7) TribunalArbitral.org (1,2,3...los que se creen en el territorio del PJ)

8) Colegios de Abogados.org

9) Colegio de Procuradores.org

10) Otros sitios que puedan ser creados y resulten necesarios para la funcionalidad de la Comunidad Judicial.

11) Otros.

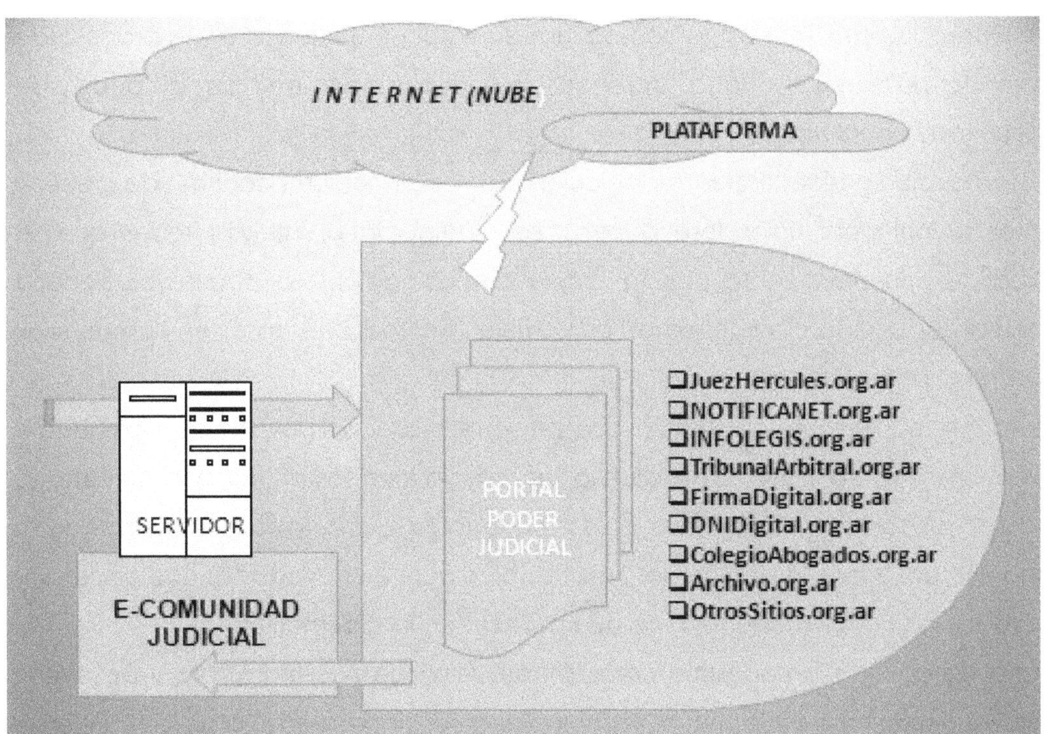

Grafico 3

Esta descripción muestra los aspectos más elementales de una hipotética realidad, pero considero que es suficiente para que el observador comprenda e imagine como sería en realidad el funcionamiento de la E-Justicia.

ÁREA ASESORA Y DE DESARROLLO – RELACIONES ACADÉMICAS Y CONSULTAS INTERNACIONALES DE E-JUSTICIA

Concretado este diseño, su crecimiento y evolución sería al ritmo permanente y constante de la tecnología cibernética, que como ya sabemos, es del tipo exponencial.

Para dar respuesta a esta necesidad de las TICs el Consorcio diseñará un Área Asesora y de desarrollo sobre todas las cuestiones tecnológicas cibernéticas (esto significa Hardware y Software) vinculadas al funcionamiento de la E-Justicia instalada en el Poder Judicial.

Se trata de un espacio con la inteligencia que requiere la singular tarea de instalar la tecnología cibernética en el funcionamiento de uno de los Poderes de la Republica, y quizás el más sensible a la aplicación del conocimiento como es el Judicial.

Por lo que en el tramo inicial (al menos en mi ficción) se impone un gran salto la aplicación de conocimiento inédito en el proyecto del uso y montaje que se requerirán en la incorporación de los artefactos cibernéticos al subsistema político del que forma parte el Poder Judicial. Esto exige como bien señala el Dr. Bunge (2000) el proceso de "desaprender" lo anterior y luego "aprender" lo nuevo, algo muy simple de decir y de gran dificultad de realizar.

Los artefactos cibernéticos tienen la particularidad, y el singular mecanismo de crecer y aumentar su potencia uniéndose a otros, se configuran al integrar redes que se multiplican exponencialmente con la simple comunicación. La otra revolucionaria capacidad que trae la cibernética es la trasmisión ilimitada de datos en tiempo real, entre sus principales virtudes.

Esto de por si requiere una asistencia que no se agota con la etapa de aprendizaje porque el crecimiento y evolución de esa tecnología es constante y permanente. Es más, una de sus características rutinarias es la novedad y su efecto el cambio constante. Al mismo tiempo, desde la gestión del Juez también ocurren novedades que deben ser incorporadas al singular modo técnico que caracteriza la cibernética.

Es sencillo de advertir la necesaria creación del Área de Asesoramiento y Desarrollo sostenido que requieren estas nuevas tecnologías al ser incorporadas al funcionamiento organizacional de los Poderes Judiciales de la Republica Argentina. Aprovecho para señalar la importancia que también revisten los recursos humanos que ocuparan funciones en dicha Área, es imprescindible conformar un sólido grupo multidisciplinario integrado básicamente por Sociólogos, Sociotecnólogos, Técnicos Administrativos, Abogados y Juristas, Analistas de Sistemas e Ingenieros de la Información.

Resta incluir el mecanismo de la Spin-off y la vinculación o relación académica con las Universidades de la incumbencia temática requerida, estrechamente vinculada con los centros científicos del exterior y el mundo que son generadores de los conocimientos sensibles a las cuestiones que aquí se requieren.

Cálculo y Confección del Presupuesto

El Presupuesto es el puente a la incorporación de las TICs, porque no se trata de una partida calculada "intuitivamente" a ojo de buen cubero como reza el refrán popular. Debe ser confeccionado con la inteligencia aportada por la idoneidad y además con la gestión que prevé la legitimidad de su aprobación.

Éste implica, tanto por su contenido como su instrumentación, una decisión política para la concreción de una obra de infraestructura de uno de los Poderes del Estado de gran trascendencia para la vida republicana.

El Consorcio Coordinador se ocupará mediante una Comisión asistida por los profesionales idóneos de preparar un presupuesto desagregado que incluya los ítems listados de los conceptos que representaran oportunamente los recursos afectados al logro del objetivo propuesto.

Aprobados estos conceptos la comisión se ocupara de cuantificarlos y obtener un resultado final.

Luego pasará a una sesión final para su aprobación la que será elevada al Poder Ejecutivo para que la incluya en el Presupuesto a ser tratado por el Congreso en la sesión que corresponda.

En la descripción realizada aparecen dos aspectos relevantes. Uno corresponde al esquema o plan de negocios que cualquier emprendedor debe presentar al Inversor en el mercado. Ese plan no asegura que lo planeado se cumpla en el futuro pero mostrará la idoneidad, seriedad científica y técnica del proyecto. El otro aspecto es el apego al cumplimiento de las formas públicas con que se deben realizar los hechos que tienen matriz republicana y que radica en la publicidad de los actos de gobierno.

Para finalizar, insisto en la importancia central de hacer en "todo" este proceso de introducción una reforma en los poderes Judiciales que poseen y ejercen una parte del poder político total dentro del plexo de estados instalados en la Republica Argentina. Esto es la única vía que debe transitar, en pos de cualquier objetivo que se proponga, la acción de gobierno. Cualquier acto que realice el estado tiene una naturaleza que es su razón de ser y consiste en hacer lo que hace como dice la ley. Esta es la receta que establece en forma irrestricta la Constitución Nacional. Todos los hechos y actos del estado deben suceder como espera la Ley que así suceda, deben obedecer el protocolo de acción coordinada y en el orden con que su actividad fue diseñada por el consenso inteligente de toda la sociedad que contiene esa orden que por eso es la ley. Se trata entonces de realizar con continuidad la reforma institucional evitando todo criterio fundacional y reforzar la característica de la forma republicana, representativa y federal de la gobernanza en la Argentina.

Segunda ETAPA

El sitio: http://JuezHercules.gob.ar/

Recuerdo que esta Tercera parte del Ensayo es ficción y al progresar en el desarrollo del relato no debe olvidarse de la condición meramente teórica que tiene mi propuesta en esta conjetura. Al finalizar la denominada "primera etapa" deberán estar instaladas las reformas previas y necesarias para introducir la nueva tecnología y las encomendadas al Consorcio Coordinador.

Con la segunda etapa ya está instalada la Comunidad Judicial en el servidor propio del Poder Judicial y es operativa el Área de Asesoramiento y Desarrollo en pleno y efectivo funcionamiento.

Con las reformas se encuentran en funciones el Tribunal Arbitral obligatorio y ha sido modificada la regulación de la Prueba en el Procedimiento. De esta manera la incorporación de las TICs permitirá cumplir con los tiempos procesales que establece el Código y hasta mejorarlos.

La primera tarea del Juez será hacerse cargo de su sitio que a los efectos de este relato llamaremos "JuezHercules.gob.ar". En un primer acto recibirá el dominio que está habilitado con un diseño básico que tiene como objetivo estar operativo desde el primer instante permitiendo la acción jurisdiccional. Inmediatamente el Juez podrá proceder a realizar todas las modificaciones y reformas y/o ampliaciones que necesite y requiera para el ejercicio de su función.

El sitio "JuezHercules.org.ar" es de dominio absoluto del Juez y equivale al juzgado virtual. El justiciable, todos los agentes y operadores jurídicos externos al juzgado tendrán que acceder a este sitio para asistir a la sustanciación de todos los procesos. Las audiencias y/o vistas que prevea la norma procesal en los procedimientos así diseñados tendrán lugar en el sitio de audiencias que el Juez haya indicado y elegido para la celebración de tales actos procesales. Estos sitios a disponibilidad de todos los Jueces del Departamento Judicial al que estos pertenecen y que están preparadas para la celebración de esos eventos. Este tipo de audiencias o eventos procesales serán actos enteramente filmados y serán incorporados como documento digital al expediente de la causa.

El Fuero Penal

Reitero que excluyo de esta hipótesis al Proceso Penal cuya singularidad merece un tratamiento especial y por separado. Este proceso que por definición debe ser llevado adelante por el Estado que es quién se reserva el uso de la fuerza pública entre otras cosas. También será alcanzado por la incorporación tecnológica de las TICs ya que su propia naturaleza demanda modernización y calidad en su desarrollo. Inclusive debe tratarse con gran especialidad en el proceso de modernización ya que estará dentro de la misma Comunidad Judicial pertinente y debe ser cuidado respecto a los derechos y garantías que afecte su impacto.

SEDE FÍSICA DEL JUZGADO

La arquitectura judicial se encargará de diseñar el edificio que debe albergar la actividad de los Poderes Judiciales. Este espacio será como lo requiera el Juez. Sin entrar en mayores detalles que exceden este trabajo, sólo me referiré al lugar donde el Juez jurisdiccionalmente[14] realizará su acción. En este punto quiero aclarar que el desempeño del Juez, ya sea de primera instancia unipersonal (Juzgados), instancias superiores o colegiados (Cámaras y/o Tribunales), tendrá siempre ese lugar físico básico en todos los casos, ya que es en este donde ejerce su cuota de Poder Político en forma absoluta e independiente. Este espacio-lugar donde prepara y construye su acción, constituye la unidad Judicial del Juez y a la que denominaré la Oficina Judicial. Debe tener un ambiente general de trabajo donde se encuentra la mesa central de todos los puestos de tareas, un despacho privado, un espacio acondicionado para meriendas y bebidas, baños ambos sexos, un sitio de espera. Muy iluminado, minimalista y acotado al uso especifico del lugar.

---

[14] *Espacio jurisdiccional es el que está determinado por la competencia que surge de su designación, materia, territorio, etc....*

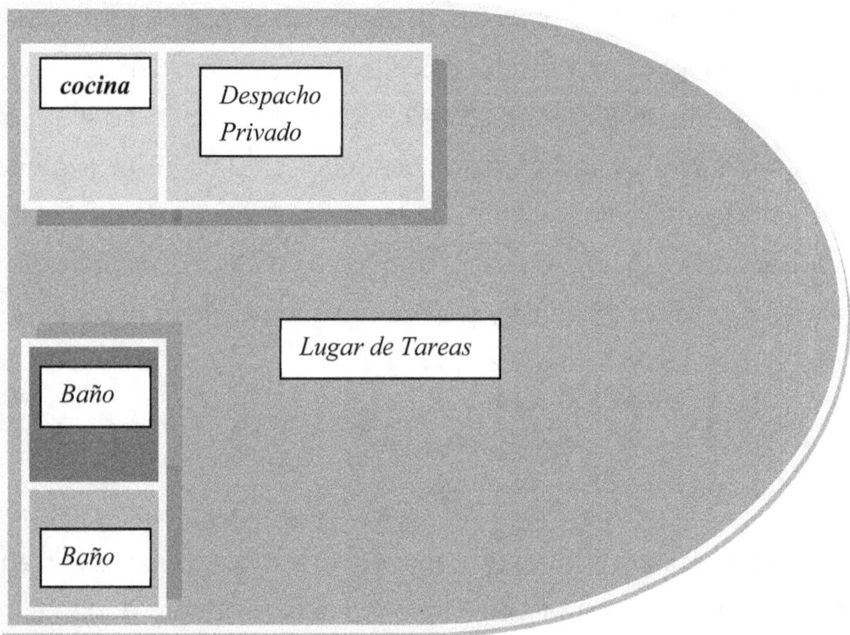

Grafico 4

Todo el mobiliario será el adecuado a las herramientas cibernéticas que estarán instaladas en la Oficina, los enseres para merendar, cestos de basuras de elementos descartables y los insumos de baños.

El Privado con un escritorio, sillas y sillón a los fines de realizar conversaciones reservadas o reuniones con el Juez.

RECURSOS HUMANOS

El Juez tendrá un grupo de trabajos formado por Abogados El número no será inferior a 5 y la cuestión central es que: "no exista subordinación técnica". Esta característica singular de la calidad de los recursos humanos obedece a que el Juez debe y puede delegar tareas en el ámbito interno de su despacho y esas tareas solo las puede realizar por idoneidad jurídica otro abogado. La relación solo implicará entre el Juez y los integrantes una subordinación Jurídica y económica.

A este grupo se unen dos informáticos que asistirán para las tareas de índole técnica y deben estar graduados en Licenciatura de Sistemas y expertos en diseños Web. Serán part-time.

Todos son buscados, seleccionados y nombrados por el Juez quien decide la relación laboral con el Poder Judicial mientras dure en sus funciones. La relación de trabajo debe ser categórica y es el Juez quien decide con total independencia y sin limitación alguna disponer de los integrantes de su staff.

EL PROCESO

El proceso judicial sustanciará interactivamente en el sitio **"JuezHercules.com"**

El expediente tendrá íntegramente un soporte electrónico y digitalizado (no habrá papeles que sostengan los documentos como en el sistema actual). Este constituye el único documento y estará compuesto por las presentaciones virtuales de las partes litigantes (actora y demandada) y el Juez. La disponibilidad es siempre total y se produce en forma constante y permanente, en particular cuando se efectúan los traslados que estarán dispuestos conforme al procedimiento y rito. La fragmentación resulta imposible y no cabe riesgo al respecto, salvo algún impedimento fáctico de la técnica, por ejemplo falta de energía, lo que es temporal e irrelevante.

El Juez que debe desempeñar su tarea como un verdadero Director del proceso judicial no debe ocuparse en leer causas, revisar leyes, verificar traslados y citaciones. Tiene que abordar el caso en plenitud, dedicarse totalmente a decidir en un litigio o conflicto de derechos con la mejor calidad y excelencia de gestión haciendo justicia y cumplir su objetivo con éxito.

En verdad, sin entrar en detalles que son propios de otro trabajo, lo que estoy diciendo es que la novedad incorporando las TICs debe producir una actividad más perfecta por parte del Juez. Cualquier modificación o reforma que se haga en el Estado en general y en el Poder Judicial en particular debe perseguir mejorar la performance. Es necesario record que el Estado es una herramienta para permitir aumentar la felicidad de los seres humanos, de eso se trata. Carece de interés el Estado como fin en sí mismo, y a pesar que esto parezca una verdad de perogrullo, bien sabemos que no lo es. El Estado es una posibilidad que tiene el hombre de satisfacer sus apetitos personales, de saciar sus ambiciones sin límites, y es capaz de malograr la vida de todos los demás integrantes de la sociedad en pos de conseguir esos objetivos personales. Por lo tanto es necesario entender que el Estado debe ser objeto de toda formula que impida que eso ocurra y su acción debe estar garantizada cada vez en forma más perfecta.

El Proceso quedará digitalizado y la incorporación tecnológica de las TICs convertirá al Juez en un funcionario mas librado de las exigencias procedimentales, los desarrollos que exigen aquellas maniobras para ejecutar la sustanciación del proceso con el que construye sus decisiones y posteriormente sus Sentencias.

Imaginemos a este Juez actuando en un ambiente moderno ya en su aspecto, rodeado de los colaboradores que serán sus pares en la tarea técnica y con quién deliberará de igual a igual sobre cuestiones tan delicadas y de tanto interés para las personas involucrados en los conflictos de la vida actual y moderna. Contará con medios materiales para obtener la información en la mayoría de las veces en tiempo real y eso es agregar mucho valor al procedimiento implementado para sentenciar.

Desaparecerá la pesada carga de accionar el antiguo sistema informático del expediente de papel. A la velocidad de la luz aparecerán todas las piezas del juicio en una carpeta digital que se mostrará en un monitor y el operador podrá realizar esto cuantas veces quiera, desde el lugar donde se le ocurra hacerlo y a la hora que prefiera, siempre que cuente con una computadora, PC o cualquier otro dispositivo tecnológico que permita la conectividad y acceso a esta información.

Todos los trabajos se realizan en un ordenador y en el sitio del Juzgado. Este tiene un sector donde los operadores del Juez hacen sus tareas. Todas las actividades quedan registradas y son de acceso ilimitado para el Juez que opera en el sitio como el Supervisor máximo, es decir que accede a cualquier parte del sitio.

El proceso también estará asistido por programas, por ejemplo el Share Point de Microsoft, que permite tener automatizadas muchas y múltiples tareas entre grupos, entre grupos y causas, entre causa y las partes litigantes, entre causas y agentes u operadores externos (Peritos, informantes, etc.) causas y agendas, causas y cronogramas de tareas completos, causas y notificaciones de todo género y integrantes, funcionarios, responsables, etc. En una palabra, la incorporación de este potente software organizador en la actividad judicial, impactara fuertemente en el desarrollo de los procesos tanto en su celeridad y mejoramiento de la calidad de gestión como la propia actividad del Juez decidiendo en la cuestión con la Sentencia final. Este software que hasta dispara cedulas-mails en forma automatizada, en simultáneo y a todas las partes que deben ser notificadas de algo, deja registro de dicho acto y demás efectos. Por supuesto que es necesario tener en cuenta el vertiginoso desarrollo que tiene esta tecnología y el horizonte amplísimo de variadas posibilidades con las que puede contar un Juez para incorporar en el funcionamiento de su sitio o juzgado virtual. Es por esa razón que el Área de Desarrollo y Asesoramiento es imprescindible para sostener el funcionamiento actualizado de las TICs.

Es obvio que esta posibilidad de hacer funcionar al Poder Judicial con las TICs significa un salto de inimaginables consecuencias en el sentido más deseado y ambicionado para el mejor accionar del Estado. Se supone que esta inclusión cibernética en la Justicia complementará a la ya existente y estimulará la incorporación a las demás áreas del Estado y a las de las organizaciones privadas o no gubernamentales pero de gran impacto en el espacio público.

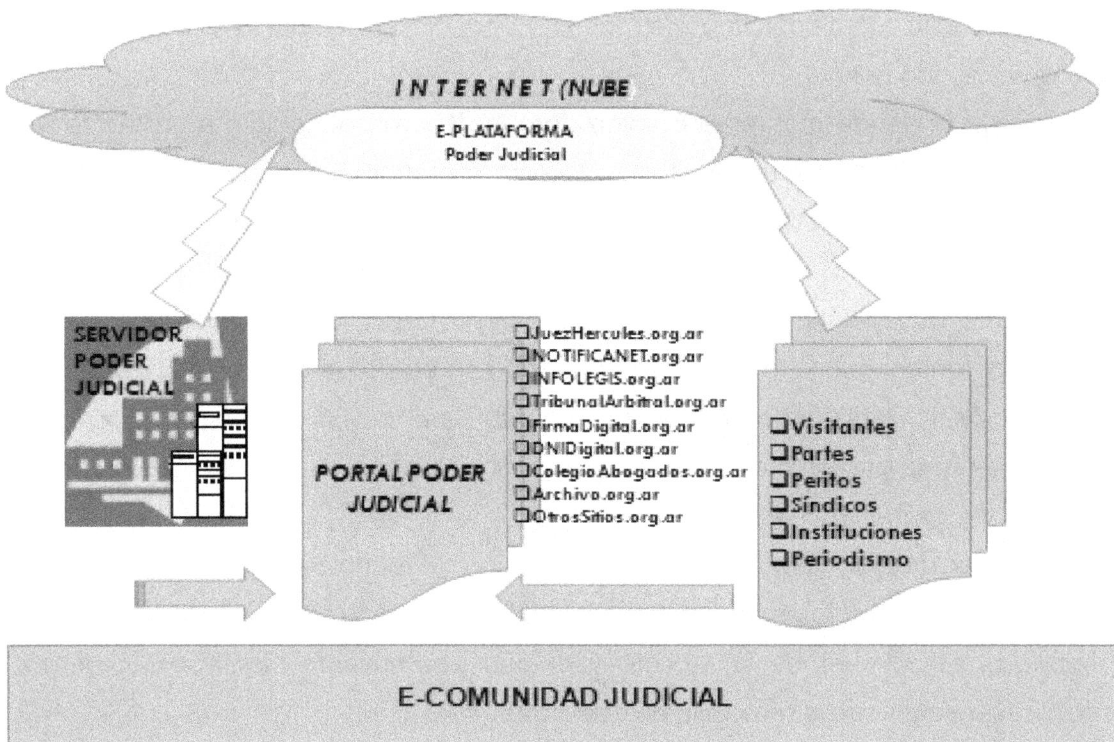

Grafico 5

Conclusión Final:

Incorporar las TICs a los Poderes Judiciales en la República Argentina, requiere de una simbiosis y no del copia-pega. Y en esta etapa final de mi trabajo creo interesante utilizar la "metáfora de la rueda". Ésta, al ser descubierta, constituyó el soporte de un mecanismo mayor: el transporte de cosas materiales que sólo le importan al ser humano. La rueda ha tenido durante su evolución diversos tamaños. También fue construida con gran variedad de materiales como se le asignaron innumerables sistemas de aplicación a distintos mecanismos. Por ejemplo, las ruedas de los carros tirado por caballos, una rueda con paletas para impulsar un barco en el Misisipi, una rueda de transmisión en una polea, las ruedas de un Fórmula 1, etc. Tal como observamos, el concepto rueda es uno sólo y debe ser adaptado a cada mecanismo según las características de este último.

Con las TICs ocurre lo mismo y para que la incorporación de la tecnología cibernética al funcionamiento de los Poderes Judiciales mejore la gestión de estos debe ser incorporada con conocimiento de excelencia. Siguiendo este camino el Juez en su gestión tendrá la posibilidad real de tomar decisiones con gran rapidez y hasta en ocasiones en tiempo real, esto sería posible por la capacidad de esa tecnología en permitir que este cuente con una información y conocimiento sobre la realidad juzgada que antes nunca se tuvo.

Este ensayo pretende mostrar el camino para incorporar tecnología e instalar la TIC Judicial. Ese recorrido tiene tres etapas. Primero, obtener un diagnostico exacto del funcionamiento del subsistema Judicial. Segundo, construir un diseño cuyo núcleo ideológico mantenga intacta la forma Representativa, Republicana y Federal del Estado para que su funcionamiento mejore el respeto por las Garantías individuales. Tercero, garantizar que la tecnología incorporada no eclipse ni disminuya la acción del Poder Judicial, explicando mecanismicamente que la TIC potencia y optimiza sensiblemente su gestión mejorando la vida de los ciudadanos. Siendo que este es el último fin y la única razón de ser del Estado.

Hago esta aclaración porque con la incorporación de tecnología puede obtenerse el efecto de reprimir y disminuir al Poder Judicial. La única manera de evitar esta posibilidad es a través de un estricto y exigido pensamiento científico Los demás caminos no conducen a Roma. No en este caso.

ANEXO.

Bibliografía.

ALBERDI, Juan Bautista. Editorial Plus Ultra. "BASES y puntos de partida para la organización política de la república Argentina". Colección Esquemas Políticos. Impreso en Brasil. Tercera Edición. 1981.

Argentina. *Constituciones de las Provincias de la República Argentina.*

Argentina. *Constitución Nacional de 1994.*

Argentina. *Leyes Procesales de las Provincias.*

Argentina. *Leyes Orgánicas Provinciales de los Poderes Judiciales.*

Argentina. *Leyes Procesales de la Nación.*

Argentina. *Ley Orgánica de Poder Judicial*

BUNGE, Mario." Las Ciencias sociales en discusión"; "Filosofía Política";"La relación entre la sociología y la filosofía".

 BONACHERA VILLEGAS, Raquel. "Los arbitrajes especiales"

DWORKIN, Ronald. "La Democracia Posible"

DRUCKER, Peter. "Las nuevas realidades".

HAWKING, S. H. y MLODINOW, L. (2010), Edición española: "El gran diseño", editorial Crítica, Barcelona 2010.

HERNANDEZ MARIN, Rafael. "Las obligaciones básicas de los jueces"

MORIN, Edgar. "Introducción al pensamiento complejo"

PEREZ BERMEJO, Juan Manuel. "Coherencia y sistema jurídico".

POPPER, Karl R. "La sociedad abierta y sus enemigos"

SEBRELI, Juan José. "El Asedio a la Modernidad".